Gabriele Colditz

Forum
Artenschutz

Der Biber

Gabriele Colditz

Der
Biber

Lebensweise
Schutzmaßnahmen
Wiederansiedlung

Naturbuch Verlag

Die Deutsche Bibliothek - CIP-Einheitsaufnahme
Der Biber : Lebensweise, Schutzmaßnahmen,
Wiederansiedlung / Gabriele Colditz. - Augsburg : Naturbuch-
Verl., 1994
   (Forum Artenschutz)
   ISBN 3-89440-088-9
E: Colditz, Gabriele

Save-Bild/W. Wisniewski: Seite 2/3; Save-Bild/J. Weber: Seite 4/5,
Seite 17 unten, Seite 20 oben, Seite 23 unten links, Seite 26/27;
Okapia/Hans Reinhard: Seite 6 links, Seite 8/9, Seite 10, Seite 13,
Seite 16, Seite 40; Okapia/NAS A. Lowry: Seite 32 unten rechts;
Okapia/Godfrey Merlen: Seite 63; Okapia/Norbert Rosing: Seite 7
rechts, Seite 46; Save-Bild/C. Cramm: Seite 6 rechts, Seite 7 rechts,
Seite 15 links, Seite 21, Seite 32 unten links, Seite 38, Seite 41,
Seite 60; Save-Bild/K.Wothe: Seite 14 links; Okapia/ NAS L. L. Rue:
Seite 14 rechts; Save-Bild/M. Hoshino: Seite 15 rechts; Save-Bild/J.
Brandenburg: Seite 17 oben, Seite 28, Seite 65; Gabriele Colditz:
Seite 22, Seite 24 oben und unten links, Seite 32 oben links, Seite
33; Okapia/H. G. Arndt: Seite 6, Seite 10, Seite 38, Seite 23 oben
links, oben rechts, Mitte und unten rechts, Seite 25, Seite 31, Seite
42, Seite 49, Seite 57; Okapia/M. u. R. Greulich: Seite 24 unten
rechts; G. Synatschke: Seite 20, Seite 30 oben und unten, Seite 34,
Seite 43, Seite 50/51; Okapia/M. F. Havelin: Seite 32 oben rechts;
Okapia/Jeff Foott: Seite 36/37; Save-Bild/C. Kaiser: Seite 44/45,
Seite 54; R. Schulte: Seite 48, Seite 63 oben und Mitte;
Okapia/F. Gohier: Seite 53; M. Braun: Seite 59;

Gedruckt auf umweltfreundlich chlorfrei
gebleichtem Papier.

Naturbuch Verlag
© Deutsche Ausgabe 1994
Weltbild Verlag GmbH, Augsburg
Alle Rechte vorbehalten.
Satz und Layout: Armin Tichacek, Naturbuch Verlag, Augsburg
Gesetzt aus der 11,5 /13 P. Frutiger Light
Illustrationen: Sabine Drobik
Fachliche Beratung: Ralf Schulte
Reproduktionen: Fotolito Longo, Frangart
Umschlaggestaltung: Peter Engel, Grünwald
unter Verwendung eines Fotos von Okapia/NAS H. Engels
Druck und Bindung: Interdruck, Leipzig
Printed in Germany
ISBN 3-89440-088-9

Vorwort

Der Biber ist wohl den meisten Menschen bekannt. Sein Markenzeichen sind die großen Nagezähne und der abgeplattete Schwanz. Man weiß, daß er Bäume fällt und Burgen und Dämme baut. Damit ist dann auch meistens die Kenntnis über ihn erschöpft. Und wer hat tatsächlich schon einmal in seinem Leben einen Biber in freier Wildbahn gesehen? Den wenigsten Menschen dürfte dieses Glück zuteil werden. Kein Wunder, ist der Biberbestand doch bei uns in den letzten Jahrhunderten auf ein Minimum reduziert worden, obwohl diese Tiere seit jeher in unsere Landschaft gehören und diese durch ihre Bautätigkeit geprägt haben.

Der Mensch schaffte in wenigen Jahrhunderten, was die Evolution in Millionen Jahren nicht erreicht hat: Der Biber stand kurz vor dem Aussterben. Zwar gab es schon in den 20er Jahren erste und sogar erfolgreiche Bemühungen um den Erhalt des Elbebibers, aber erst vor einigen Jahrzehnten konnte man ein allgemeines Umdenken registrieren, und die Bestrebungen liefen dahin, die Biber zu retten. Im Zuge der fortschreitenden Lebensraumzerstörung und dem immer weiter zunehmendem Artensterben, erinnerte man sich auch wieder dieser zu unserer Landschaft gehörenden Säugetierart und versuchte, sie bei uns wieder heimisch zu machen bzw. die letzten kleinen Bestände zu erhalten und zu schützen.

Glücklicherweise waren die Rettungsmaßnahmen bisher erfolgreich und man kann hoffen, daß zumindest das Überleben dieser Art für die Zukunft gesichert ist. Der Erfolg der Programme zur Rettung der Biber liegt nicht zuletzt daran, daß Biber recht anpassungsfähig sind und sich mit unserer Kulturlandschaft arrangieren können.

Obergünzburg, im Januar 1994

Inhaltsverzeichnis

Schutz und Hilfe

Anhang

Biologie
und
Ökologie

Allgemeine Vorbemerkungen

„Die Biber gingen gesellig zum Fällen der Stämme, hieben sie mit ihren Zähnen ab und trugen sie auf eine wunderbare Art zu ihren Lagern. Ein alter träger Biber, welcher sich immer von der Gesellschaft entfernt halte, müsse herhalten. Ihn würfen die übrigen rücklings auf den Boden, legten ihm zwischen die Vorder- und Hinterfüße das Holz, zögen ihn zu ihren Hütten, lüden die Last ab und schleppten diesen lebendigen Schlitten so lange hin und her, bis ihr Häuschen fertig wäre."

Derartige abenteuerliche Vorstellungen über die Lebensweise der Biber herrschten noch bis ins Mittelalter vor. Die oben zitierten Sätze wurden im 16. Jahrhundert niedergeschrieben. Heute weiß man trotz seiner überwiegend versteckten und nächtlichen Lebensweise wesentlich mehr über die Biologie des Bibers, und zahlreiche wissenschaftliche Untersuchungen beschäftigten sich mit diesem größten heimischen Nager.

Noch vor nicht allzulanger Zeit wurden die Tiere als Schädlinge verfolgt, was sie an den Rand der Ausrottung brachte. Mittlerweile hat man aber erkannt, welche Bedeutung den Bibern in einem Ökosystem zukommt. Sie tragen zur Erhaltung wertvoller Feuchtgebiete bei, die wiederum für viele bedrohte Pflanzen und Tiere einen Lebensraum bieten und prägen durch ihre Baumaßnahmen die Landschaft.

Die durch wissenschaftliche Untersuchungen erhaltenen Kenntnisse über den Biber sind wichtige Voraussetzung für erfolgreiche Schutzmaßnahmen, wie sie beispielsweise in Mitteleuropa durchgeführt wurden. Da leider nicht genügend Tiere für wissenschaftliche Untersuchungen zur Verfügung stehen, erfolgen viele Schutzmaßnahmen noch nach dem „Versuch-und-Irrtum"-Prinzip. Mit dem vorliegenden Buch sollen dem Leser anschaulich Informationen zur Biologie des Bibers, aber auch zur Gefährdung und zu Schutzmaßnahmen vermittelt werden.

Strichzeichnung aus Schmeil

Biber und ihre systematische Einordnung

Der Biber gehört zur Ordnung der Nagetiere (Rodentia), der sowohl nach Arten als auch Individuenzahl größten Ordnung innerhalb der Säugetiere. Fast die Hälfte aller heute lebenden Säugetiere sind Nager. Sie traten erstmalig vor etwa 60 Millionen Jahren auf und stammen von primitiven Insektenfressern ab.

Die ältesten Formen der Biber entwickelten sich vor etwa 32 Millionen Jahren. Im Eiszeitalter, vor etwa 10 000 Jahren, lebten in Europa noch Riesenbiber, die die Größe eines Bären und ein Gewicht von bis zu 300 kg erreichen konnten. Wieso diese Riesenformen ausstarben ist ungewiß. Man kann nur vermuten, daß sich im weiteren Verlauf der Erdgeschichte die Vegetation - und damit die Nahrungspflanzen der Biber - veränderten und nicht mehr in ausreichender Menge zur Verfügung standen. Möglicherweise hat sich parallel zu dieser Entwicklung die Körpergröße der Biber reduziert.

Die Biber bilden eine eigene Familie (Castoridae) innerhalb der Unterordnung der Hörnchenverwandten mit nur einer Gattung *(Castor)* und zwei Arten. Man unterscheidet heute den amerikanischen bzw. kanadischen Biber *(Castor canadensis)* von dem eurasischen Biber *(Castor fiber)*.

Bis vor wenigen Jahren war noch heftig umstritten, ob es sich bei diesen beiden Formen tatsächlich um zwei verschiedene Arten handelt.

Untersuchungen in den sechziger Jahren schienen diese Frage zunächst entschieden zu haben. Vergleiche, basierend auf anatomischen Merkmalen, ergaben, daß alle heute noch lebenden Biber zu einer Art *(Castor fiber)* gehören. Man nahm an, daß es früher auf der gesamten Nordhalbkugel Biberbestände gab, so daß die russischen Biber eine Übergangsform zwischen den amerikanischen und den europäischen darstellen. Weiterhin sprach für die Zugehörigkeit zu nur einer Art die Tatsache, daß die Jungtiere noch in wichtigen taxonomischen Merkmalen übereinstimmen, die bei den erwachsenen Bibern als Unterscheidungskriterien herangezogen werden. Dieses Phänomen wird als typische Eigenschaft geographischer Rassen angesehen.

Doch gab es auch noch andere Aspekte, die für die Ein-Art-Hypothese sprachen. Sowohl beim europäischen als auch beim Kanada-Biber findet man die gleichen Parasiten. Es handelt sich hierbei um den Biberkäfer und die Bibermilbe. Dies ist insofern von Bedeutung, da Parasiten hochspezialisiert auf einen Wirtsorganismus sind, und die Evolution von Wirt und Parasit Hand in Hand verläuft. Das Vorhandensein der gleichen Parasiten bei getrennten Populationen spricht also für die enge Zusammengehörigkeit dieser Gruppen.

Diese oben genannten Untersuchungsergebnisse wurden außerdem durch die Tatsache bestätigt, daß sich neu- und altweltliche Biber in Gefangenschaft fruchtbar kreuzen ließen. Aufgrund dieser Erkenntnisse teilte man die Bibervorkommen weltweit in zehn geographische Rassen ein.

Doch damit war die Debatte noch lange nicht beendet. Ende der siebziger Jahre sollten Chromosomenuntersuchungen am kanadischen Biber und am eurasischen Biber endgültig Aufschluß über eine mögliche Artaufspaltung geben. Nach diesen Untersuchungen besitzt der kanadische Biber 40, und der eurasische Biber 48 Chromosomen, was eindeutig für zwei verschiedene Arten, und zwar *Castor canadensis* und *Castor fiber,* spricht. Der eurasische Biber stellt hierbei vermutlich die ältere Form dar, aus der der kanadische Biber hervorgegangen ist.

Heute ist die Existenz von zwei getrennten Arten wissenschaftlich anerkannt.

Körperliche Merkmale

Nach den ebenfalls zu den Nagetieren gehörenden Wasserschweinen, die in Südamerika beheimatet sind, ist der Biber das größte Nagetier der Welt. Theoretisch könnte ein Biber auch heute noch die Größe seiner ausgestorbenen Vorfahren erreichen, wenn er nur lange genug leben würde: Biber hören nicht auf zu wachsen. Selbst im hohen Alter nehmen sie immer noch etwas an Größe zu, wenn auch nur in sehr geringem Maße.

Aus der Haltung in zoologischen Gärten sind Fälle bekannt, in denen Biber weit über 20 Jahre alt geworden sind. Wildlebende Tiere werden aber kaum älter als zehn bis zwölf Jahre.

Biber sind mit zwei bis drei Jahren geschlechtsreif. Nur etwa ein Viertel aller Jungtiere kommt jedoch ins fortpflanzungsfähige Alter. Die anderen Tiere kommen durch Krankheiten, Unfälle und Raubtiere ums Leben oder fallen dem Menschen zum Opfer.

Heute erreichen Biber eine durchschnittliche Körperlänge von etwa 1 m (ohne Schwanz) und ein Gewicht von ca. 30 kg. Nur sehr alte Tiere werden noch größer. Der horizontal abgeplattete Ruderschwanz, der auch als „Kelle" bezeichnet wird, ist 30 bis 40 cm lang und 12 bis 15 cm breit.

Der massige, gedrungene Körper des Bibers nimmt von vorne nach hinten an Breite zu. Die Füße besitzen fünf Zehen mit kräftigen Nägeln. An den Hinterextremitäten sind die Zehen außerdem mit Schwimmhäuten verwachsen. Die Vorderfüße sind wesentlich kleiner, aber als Greifwerkzeuge ähnlich hervorragend ausgebildet wie menschliche Hände,

Die Zehen der Hinterfüße sind durch Schwimmhäute miteinander verbunden.

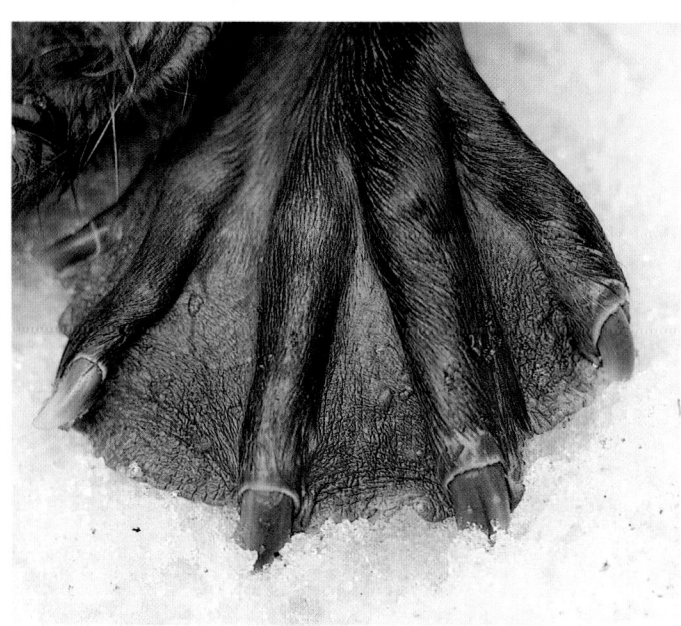

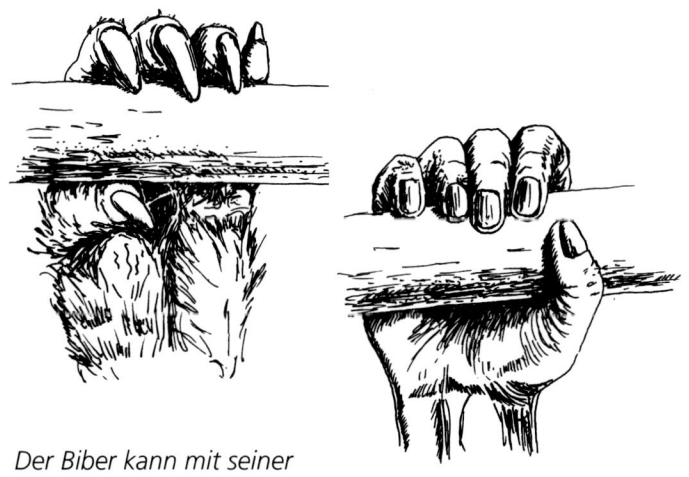

Der Biber kann mit seiner Vorderpfote geschickt greifen. Hier der Vergleich von einer Biber- und einer Menschenhand. Der kleine Finger erfüllt beim Biber die Aufgabe des Daumens.

*Die Fellpflege ist für den
Biber sehr wichtig.
Mit den Pfoten wird das
Fell regelmäßig eingefettet,
damit es vor Nässe und
Kälte schützt.*

*Beim Putzen wird die
Kelle oft unter dem
Körper nach vorne
geschlagen.*

nur der Daumen ist kümmerlich entwickelt. Die Funktion des Daumens wird dafür vom kleinen Finger übernommen. Die zweite Hinterfußzehe trägt eine, im Vergleich zu den anderen Nägeln, schwächere Doppelkralle, die zum Putzen des Felles dient. Sie soll von den Tieren außerdem auch als „Zahnstocher" benutzt werden.

Das braune Fell besteht aus dichter, gekräuselter Unterwolle und kräftigen Grannenhaaren. Wegen dieses weichen, besonders dichten Felles waren Biberpelze sehr begehrt. Pro Quadratzentimeter besitzt das Biberfell bis zu 23000 Haare. Die einzelnen Haare sind mit winzigen Widerhaken versehen und hängen somit fest ineinander. Dadurch halten sich im Fell unzählige kleine Luftkammern, die isolierend wirken und sowohl gegen Kälte als auch gegen Hitze einen optimalen Schutz bieten. Um zu verhindern, daß Feuchtigkeit bis zur Haut durchdringen kann, was eine Unterkühlung des Tieres zur Folge hätte, muß das Fell regelmäßig gekämmt und eingefettet werden, um so wasserabweisend zu bleiben. Biber besitzen hierfür eine spezielle ölproduzierende Drüse am Hinterleib, von der sie mit den Vorderpfoten immer kleine Mengen Fett abnehmen und beim Putzen

im Fell verteilen. Die geschuppte, lederartige Haut des Schwanzes ist unbehaart.

Die kleinen Augen und Ohren befinden sich ziemlich weit oben in dem gedrungenen Schädel. So können die Tiere Augen, Ohren und meist auch die Nase unauffällig aus dem Wasser heben und nach Feinden Ausschau halten, während der restliche Körper sich im schützenden Wasser befindet. Als Anpassung an die aquatische Lebensweise sind Nase und Ohren mit einer Art Ventilmechanismus ausgestattet, der sie beim Tauchen verschließt.

Der Geruchssinn ist bei Bibern recht gut entwickelt. Noch wichtiger für ihre Orientierung ist aber der Tastsinn. Die Tasthaare besitzen an ihrer Basis jeweils einen kleinen Muskel, mit dem sie aufgestellt und bewegt werden können. Die Sinneszellen an den Tasthaaren reagieren auf Wasserdruck und können unterschiedliche Strömungen erkennen. Die Impulse jedes einzelnen Tasthaares werden separat in die jeweils gegenüberliegende Gehirnhälfte geleitet und dort verarbeitet. Dank dieser sensiblen Tastorgane kann sich der Biber im Wasser bei völliger Dunkelheit orientieren. Er nimmt sowohl Hindernisse wahr, als auch ungewöhnliche Strömungen,

Nase, Augen und Ohren des Bibers liegen in einer Ebene und schauen beim Schwimmen aus dem Wasser.

Deutlich sind die orangeroten Schneidezähne zu erkennen. Die kürzeren oberen Schneidezähne dienen dem Verankern des Gebisses im Holz, mit den unteren längeren Schneidezähnen wird die eigentliche Nagetätigkeit ausgeführt.

die z. B. von einem Loch in seinem selbstgebauten Damm herrühren.

Biber besitzen ein für Nagetiere hoch entwickeltes und leistungsfähiges Gehirn. Ein Zeichen dafür ist die Spielfähigkeit der Jungtiere, die beim Biber sogar noch im Erwachsenenalter erhalten bleibt.

Die für Biber typischen Bautätigkeiten, mit denen sie ihren Lebensraum gezielt verändern, wie das Anlegen eines Dammes, einer Biberburg oder eines Wasserkanals, erfordern sehr komplexe Verhaltensmuster und zeugen ebenso von einem leistungsfähigen Gehirn. Die meisten arttypischen Verhaltensweisen sind den Tieren zwar angeboren, jedoch lernen die Jungen durch Nachahmen der Alttiere noch viel dazu und erwerben auf diese Weise die nötige praktische Erfahrung.

Das typische Nagetiergebiß der Biber besteht aus 20 Zähnen. Im Ober- und Unterkiefer befindet sich jeweils ein Paar Schneidezähne, wobei die unteren länger sind als die oberen. Sie sind mit einer roten Schmelzschicht überzogen. Da die Zähne wurzellos sind, wachsen sie ein Leben lang. Werden die Schneidezähne nicht ständig durch Nagetätigkeit abgewetzt, kommt es zu übermäßigem Wachstum

und Mißbildungen. Mit den unteren Schneidezähnen werden vorwiegend die Nagetätigkeiten ausgeführt, wogegen die oberen Schneidezähne hauptsächlich zum Festhalten dienen. Gelegentlich schärfen die Biber ihre Nagezähne, indem sie die unteren gegen die Außenseite der oberen reiben. Da der Zahnschmelz auf der Innenseite etwas weicher als auf der Außenseite ist, kann er auf diese Weise abgerieben und dadurch die Kanten geschärft werden. Die Kaumuskulatur ist kräftig ausgebildet und und kann eine Kraft von 80 kg erreichen. Im Vergleich dazu bringt es der Mensch auf 40 kg.

Da im Nagergebiß die Eck- und Vormahlzähne fehlen, befindet sich zwischen den Schneidezähnen und den Backen- bzw. Vorbackenzähnen eine breite Lücke. Die (Vor-)Backenzähne besitzen eine Zahnschmelzfalte. Durch diese Oberflächenvergrößerung sind sie besonders zum Zermahlen der pflanzlichen Nahrung geeignet. Die Mundhöhle wird durch die Oberlippe geschlossen. Da diese in der Mitte gespalten ist (Hasenscharte), sind die Schneidezähne auch bei geschlossenem Mund sichtbar. Das hat den Vorteil, daß Biber auch unter Wasser Holz nagen können, ohne daß ihnen Wasser in den Mund läuft.

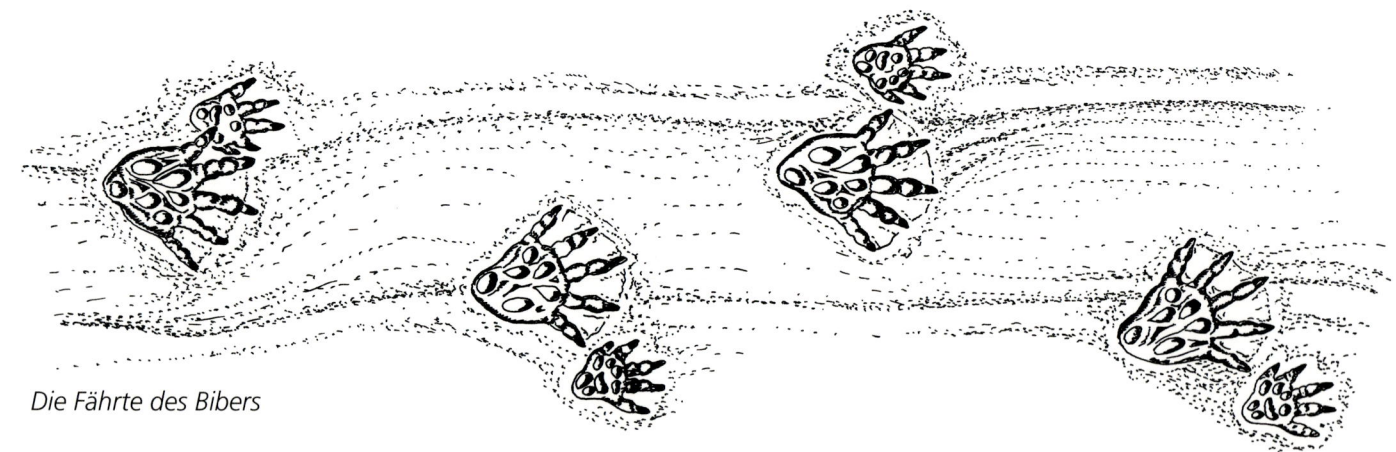

Die Fährte des Bibers

Die Geschlechtsorgane der männlichen Biber weisen eine Besonderheit auf. Die Hoden liegen normalerweise in der Bauchhöhle verborgen und treten nur zur Brunstzeit nach außen.

Biber besitzen eine Kloake, das heißt Harnröhre, Enddarm und Geschlechtsorgane haben keine getrennten Ausgänge, sondern münden in einer gemeinsamen Öffnung. Ebenso tritt das zur Fellpflege benötigte Fett, das in besonderen Drüsen gebildet wird, aus dieser Öffnung aus. Außerhalb der Kloake münden beiderseits die großen Analdrüsen. Sie bilden bei beiden Geschlechtern birnenförmige Säcke, die das sogenannte „Bibergeil"

enthalten. Diese in frischem Zustand salbenartige, später harzige, orangefarbige Substanz, besitzt einen aromatischen Geruch und einen bitteren Geschmack. Sie spielt eine wichtige Rolle beim Markierungs- und Sexualverhalten.

Fallensteller schmierten früher Stöcke mit Bibergeil ein und verwendeten sie als Köder. Sie sollen eine starke Anziehungskraft auf die Biber ausgeübt haben.

Da man früher die Geschlechter beim Biber äußerlich nicht unterscheiden konnte, nannte man ihn den Kastrierten (=Castor). *Castor* ist der heute noch gültige wissenschaftliche Gattungsname.

Der beschuppte, lederartige Schwanz des Bibers ist unbehaart und wird als „Kelle" bezeichnet.

Ernährung und Physiologie

Im Winter ernähren sich Biber von Ästen, die sie als Vorrat auf dem Gewässergrund verankert haben.

Wenn Biber am Ufer sitzen, halten sie häufig ihre Kelle ins Wasser und können dadurch ihre Körpertemperatur abkühlen.

Biber sind Pflanzenfresser. Im Sommer ernähren sie sich von Wasserpflanzen und Uferstauden sowie von Blättern und Trieben der Gehölze. Im Winter steht vorwiegend die Rinde von Sträuchern und gefällten Bäumen auf dem Speiseplan. Wissenschaftliche Untersuchungen ergaben, daß die Rindennahrung nur eine Art Erhaltungsfutter darstellt. Sie reicht gerade aus, um den Bedarf zur Erhaltung der Körperfunktionen zu decken.

Das Nahrungsspektrum ist ausgesprochen weit gefächert. Biber ernähren sich insgesamt von über 60 Gehölz- und 140 Krautarten, wobei sie Weichhölzern wie Weiden, Pappeln und Espen den Vorzug geben. Erlen werden dagegen häufig verschmäht.

Biber, die in der Nähe landwirtschaftlich genutzter Flächen leben, bereichern ihren Speiseplan gerne mit Feldfrüchten und Fallobst.

In einem Biberrevier kommt es normalerweise nicht zu einer Übernutzung der Nahrungspflanzen. In der Regel werden weniger Bäume und Sträucher gefällt als natürlicherweise nachwachsen. Allerdings haben Biber schon ihre Ansiedlungen aufgegeben, weil kein Futter oder Baumaterial mehr vorhanden war.

Biber entwickeln eine bisher nicht erklärbare Vorliebe für Rinde, Blätter und Jungtriebe von Rotbuchen, wenn diese Baumart in ihrem Revier zu finden ist.

Für den Winter, wenn sie durch Schnee und Eis bedingt gezwungen sind, längere Zeit in ihrem Bau zu bleiben, legen sie sich am Gewässergrund einen Vorrat von Zweigen an, zu dem sie dann jederzeit Zugang haben. Zu diesem Zweck werden abgenagte Äste im Schlamm des Gewässergrundes verankert.

Als ausgesprochene Pflanzenfresser besteht ein Großteil ihrer Nahrung aus Zellulose, dem Hauptbestandteil der Zellwände von Pflanzen. Säugetiere können Zellulose nicht oder nur in geringem Maße verdauen. Einige Tierarten wie Kaninchen, Meerschweinchen und auch Biber verfügen aber über

die Möglichkeit, Zellulose aufzuschließen und hieraus Nährstoffe zu gewinnen. Hierzu wird der Nahrungsbrei in einem sehr großen Blinddarm „zwischengelagert". Im Blinddarm befinden sich bestimmte Bakterienarten, die Zellulose mit Hilfe ihrer Enzyme spalten und aufschließen können. Ist der Blinddarm gefüllt, wird die nun für den Säugetierorganismus aufbereitete und verwertbare Zellulose als helle, breiige Masse durch den Darm ausgeschieden und sofort wieder gefressen. Beim zweiten Passieren des Verdauungssystems kann der Körper diesem Nahrungsbrei wertvolle Nährstoffe und Vitamine entziehen. Die Nährstoffe sind große Zuckermoleküle, die Spaltprodukte der Zellulose. Zu den durch die symbiontischen Bakterien produzierten Vitaminen gehören Vitamin K und die Vitamine der B-Gruppe. Sie sind lebensnotwendig für den Biber und können von ihm selber nicht gebildet werden.

Beim richtigen Kot handelt es sich um eine etwa walnußgroße Ansammlung von Faserresten und er läßt sich daher leicht von diesem sogenannten Blinddarmkot unterscheiden. Hindert man einen Biber am Fressen dieser Blinddarmausscheidung, resultieren daraus Mangelerscheinungen, die schließlich zum Tod führen können.

Biber halten zwar keinen Winterschlaf, reduzieren in der kalten Jahreszeit aber teilweise ihre Körperfunktionen. Gesteuert wird diese Umstellung durch die Tageslänge. Bei sonnigem Winterwetter sind sie aktiv und zehren von ihrem Unterwasservorrat, bei schlechtem Wetter halten sie sich aber in ihrem Bau auf und sind weniger aktiv.

Ist die Nahrung knapp, fressen sie sogar die Einrichtung ihres Baus auf. In der wenigen aktiven Zeit zehren sie außerdem von ihren Fettreserven. Diese sind nicht, wie manchmal angenommen wird, nur im Schwanz angelegt, sondern über den ganzen Körper verteilt. Die Fettschichten in dem haarlosen Ruderschwanz haben nämlich noch eine weitere Funktion: sie isolieren die im Innern befindlichen Muskeln und Nerven. Wäre dieses Fettgewebe nicht vorhanden, würde der Schwanz, dem das isolierende und wärmende Fell fehlt, erfrieren.

Der Schwanz fungiert im Sommer als Kühler. Er ist der einzige Körperteil, an dem ein reger Temperaturaustausch stattfindet. Das dichte Fell mit der warmen Unterwolle isoliert nämlich den Körper so gut,

daß bei warmem Wetter die überschüssige Wärme nicht abgegeben werden kann. Der Biber senkt also seine Körpertemperatur ab, indem er den Schwanz abkühlt. Auf diese Weise kann er 20% der gesamten Körperwärme abgeben. Man kann oft beobachten, daß Biber beim Sitzen an Land ihren Schwanz ins Wasser halten. Es ist jedoch fraglich, ob dieses Verhalten bewußt zur Regulierung der Körpertemperatur eingesetzt wird.

Familienleben und Sozialverhalten

Wenn die Bibermutter ihre Jungen trägt, unterstützt sie sie häufig mit den Vorderpfoten.

Biber werden im Alter von zwei bis drei Jahren geschlechtsreif. Rein äußerlich unterscheiden sich die Geschlechter nicht. Weibchen, die gerade Junge säugen, erkennt man leicht an den geschwollenen Zitzen, wenn sie sich aufrichten und die Bauchseite zu sehen ist.

Biber gehen eine lebenslange Einehe ein. Nur wenn einer der Partner stirbt, sucht sich der andere einen neuen. Die Paarung findet zwischen Dezember und April, abhängig von Witterung und Eisverhältnissen, im Wasser statt. Hierzu schwimmt der männliche Biber, mit der Bauchseite nach oben, unter das Weibchen. In dieser für Säugetiere ungewöhnlichen Position findet die Begattung statt. Ein ähnliches Paarungsverhalten zeigt der Otter, der ebenfalls hervorragend an das Leben im Wasser angepaßt ist.

Nach einer Tragzeit von 105 bis 107 Tagen kommen die Jungen im April oder Mai zur Welt. Kurz vor der Geburt verläßt das Männchen zusammen mit den noch in der Familiengemeinschaft lebenden Jungen vom Vorjahr für einige Zeit die Biberburg. Später kehren sie zurück und helfen manchmal sogar bei der Pflege der Neugeborenen.

Biber kommen vollständig behaart und sehend auf die Welt. Allerdings sind die Augen während der ersten zwei Tage noch halb geschlossen und mit einer zähen Flüssigkeit bedeckt. Das Geburtsgewicht beträgt 400-700 g. Normalerweise werden pro Wurf zwei bis drei Tiere geboren. Die maximale Anzahl von Jungen liegt beim amerikanischen Biber bei acht, beim europäischen Biber bei sechs. Die Jungen werden zwei bis zweieinhalb Monate lang gesaugt. Die Kelle der Mutter dient oft als Unterlage für die Jungen, damit sie vor dem kühlen Boden in der Burg geschützt sind. Man kann bei den Jungen auch den für Säuger typischen Milchtritt, der die Milchproduktion im Gesäuge der Mutter anregen soll, beobachten.

Falls die Bibermutter ihre Jungen transportieren muß, kann sie dafür verschiedene Techniken anwenden. Sie ist in der Lage, die Kleinen mit ihren Vorderbeinen zu tragen, wobei sie auf den Hinterbeinen läuft und sich mit dem Schwanz abstützt.

Weiterhin hat man auch schon beobachtet, daß Biber ihre Jungen auf dem Schwanz oder im Maul hängend transportierten.

Im Alter von einigen Tagen nehmen die Jungen bereits zusätzlich Pflanzennahrung auf. Daher ist ihr gepolstertes Lager aus Gras und Wurzeln nach kurzer Zeit aufgefressen.

Das Weibchen achtet darauf, daß das Innere des Baues sauber bleibt. Kot wird immer ins Wasser abgegeben.

Bis zu einem Alter von vier bis sechs Wochen bleiben die Jungen im Bau. Dann machen sie ihre ersten Ausflüge in Begleitung der Elterntiere oder ihrer älteren Geschwister.

Biber leben in Familienverbänden. Meistens bleiben die Jungtiere bis zu einem Alter von zwei Jahren bei den Eltern. Dann begeben sie sich auf Wanderschaft, um einen geeigneten Lebensraum zu finden, wo sie ihre eigene Biberburg bauen können. Häufig verlassen die halberwachsenen Tiere den Familienverband als Gruppe, wobei sie dann erst nach und nach getrennte Wege gehen. Da die Biber diese Wanderungen auch auf dem Landweg antreten, sind sie vielen Gefahren ausgesetzt. Früher lauerten natürliche Feinde wie Wölfe auf sie, heute stellt der Kraftfahrzeugverkehr eine zusätzliche Gefahr dar.

Bietet der Lebensraum, in dem sich der elterliche Bau befindet, genug Platz und Nahrung für weitere Biber, können die Jungtiere länger bleiben. Entweder bildet sich dann eine Art Großfamilie, oder die Halbwüchsigen legen in gebührendem Abstand von dem

elterlichen Bau einen eigenen an. Auf diese Weise können große Biberkolonien entstehen.

Droht aber eine Überbevölkerung müssen die Nachkommen abwandern. Verlassen sie nicht freiwillig den elterlichen Bau, werden sie vom Männchen dazu gezwungen. Hierbei kommt es nicht selten zu Beißereien, die oft mit Verletzungen oder sogar mit dem Tod der Jungtiere enden. Häufige Todesursache ist eine sekundäre Infektion der Wunden.

Die Reviere werden sowohl von weiblichen als auch männlichen Tieren vehement verteidigt. Fast jeder Biber trägt bei solchen Auseinandersetzungen Narben davon. Besonders die alten Tiere, die in solche Kämpfe verwickelt waren, sterben oft an der Folge von Verletzungen oder dadurch verursachter Infektionen.

Biber markieren ihre Reviergrenzen mit Duftstoffen aus den Analdrüsen. Je enger mehrere Kolonien zusammenliegen, desto häufiger wird markiert. Ebenso können sie an diesen Duftstoffen erkennen, ob sich ein paarungsbereiter Partner in der Nähe befindet. Auf diese Weise finden die noch als Junggesellen lebenden Tiere zueinander.

Eine Biberfährte im schlammigen Boden. Man erkennt deutlich den Abdruck des Vorderfusses.

Biber sind in der Lage, die Anzahl der Nachkommen in einer Kolonie zu kontrollieren. Je nachdem, ob eine Überbevölkerung droht, die zu Nahrungsknappheit und Verbreitung von Krankheiten führen würde, oder ob die Individuenanzahl stark zurückgegangen ist, sei es durch Verfolgung oder andere Todesfälle, werden weniger oder mehr Jungtiere geboren. Einerseits wird dies durch die Wurfgröße, die dann bis zu sechs Jungen anwachsen kann, andererseits durch die Anzahl der tragenden Weibchen kontrolliert. Wenn viele Nachkommen gebraucht werden, paaren sich alle geschlechtsreifen Weibchen einer Kolonie und bringen große Würfe zur Welt. In einer normal oder dicht bevölkerten Kolonie vermehren sich nur die ranghöchsten Tiere einer Großfamilie mit zwei bis drei Jungen pro Jahr. Innerhalb einer Familie leben die Tiere in engem sozialen Kontakt miteinander. Beide Elternteile versorgen ihre Jungen und beschäftigen sich mit ihnen. Auf diese Art lernen sie sozusagen spielerisch die für das spätere Überleben notwendigen Verhaltensweisen. Zwischen allen Familienmitgliedern kann man häufig eine soziale Fellpflege beobachten. Das Kämmen und Putzen des Felles findet entweder im Innern des Baues oder, wenn sich die Tiere sehr sicher fühlen, am Gewässerufer auf kleinen Erhebungen, die auch eine Funktion als Reviermarkierung erfüllen, statt. Bei der Fellpflege spielt das Entfernen von Hautparasiten ebenfalls eine wichtige Rolle. Biber werden häufig von Blutegeln geplagt. Diese werden einfach abgebissen. Befinden sich die Egel an einer Körperstelle, die der Biber selber nicht erreichen kann, übernimmt ein anderes Familienmitglied das Entfernen der Plagegeister.

Der Biber in seinem Element

Beim Schwimmen dienen die Hinterfüße als Antrieb und die Kelle als Steuerruder.

Einst lebten Biber in zahlreichen, großen Kolonien entlang von Flüssen, Bächen und Seen in den gemäßigten, subarktischen und zum Teil subtropischen Zonen der Nordhalbkugel. Aufgrund ihrer Lebens- und Ernährungsweise sind sie auf Gewässer mit gehölzreichen Ufern angewiesen und siedelten sich deshalb bevorzugt in Auwäldern an.

Mit seinem plumpen Körper kann sich der Biber auf dem Land nur schwerfällig fortbewegen, so daß er dann hilflos natürlichen Feinden ausgesetzt ist. Daher sind Biber an Land nur zu beobachten, wenn sie sich völlig ungestört fühlen. Normalerweise verlassen sie ihren Bau erst nach Sonnenuntergang, sind die ganze Nacht aktiv und verschwinden wieder, bevor die Sonne aufgeht. Erwachsene Biber fallen eigentlich nur Landraubtieren zum Opfer, wogegen Jungtiere gelegentlich auch von Greifvögeln angegriffen werden. Erstaunlicherweise können Biber recht gut steile Böschungen hinaufklettern, wobei die krallenbewehrten Füße hilfreich sind.

Im Wasser ist der Biber in seinem Element. Die Mindestwassertiefe, die er zum Schwimmen benötigt, beträgt 20 cm. Besiedelt er Gewässer, die im Winter zufrieren, muß die Wassertiefe mindestens 60 cm betragen, damit er unter der Eisschicht am Gewässergrund entlang tauchen und zu seinen Nahrungsvorräten gelangen kann.

Die mit Schwimmhäuten versehenen Hinterfüße dienen beim Schwimmen als Antrieb. Durch den spindelförmigen Körper, der vorne etwas schmaler ist als hinten, wird der Wasserwiderstand beim Tauchen reduziert. Der breite Schwanz dient nicht, wie manchmal vermutet wurde, als Antrieb, sondern wird ausschließlich zum Navigieren eingesetzt, sowohl in vertikaler als auch in horizontaler Richtung. An Land benutzt der Biber den Schwanz oft als Stütze bei Tätigkeiten, die aufgerichtet ausgeführt werden.

Die Tiere können fünf bis zehn Minuten, wenn sie sehr erschreckt werden sogar 15 Minuten, unter Wasser bleiben. Dann tauchen sie vorsichtig wieder auf, um zu schauen, ob irgendwo Gefahr lauert.

Eine häufig zu beobachtende Verhaltensweise ist das mit einem lauten Platschen begleitete Schlagen des Schwanzes auf die Wasseroberfläche. Dieses Verhalten wird als Warnung gegenüber Artgenossen interpretiert. Das Schwanzheben ist bei Nagern eine verbreitete Drohgebärde. Fantasievolle Wissenschaftler schreiben diesem Verhalten noch eine andere Bedeutung zu: Entdeckt der Biber am Ufer oder im Wasser einen Menschen, ein anderes Tier oder irgendetwas, daß für ihn gefährlich sein könnte, schlägt er kräftig mit dem Schwanz und reckt sich gleichzeitig etwas mehr aus dem Wasser heraus. Der vermeintliche Feind ist für einen Moment verwirrt und kann auch durch das spritzende Wasser den Biber nicht genau ausmachen. Dieser nutzt die Zeit der Verwirrung, um besser erkennen zu können, ob es sich um eine ernstzunehmende Gefahr handelt, um dann eventuell das Heil in der Flucht zu suchen.

Der Biber
als Holzfäller

Dickere Bäume werden auch schon mal in Gemeinschaftsarbeit gefällt.

In dieser typischen Körperhaltung nagen die Biber an einem Baumstamm.

Biber transportieren Äste schwimmend durchs Wasser, indem sie sie mit dem Maul festhalten.

Wenn auch nicht jeder mit der Biologie des Bibers vertraut ist, ist doch allgemein bekannt, daß er Bäume fällt. Er tut dies aus verschiedenen Gründen. Einerseits benötigt er Stämme und Äste von Gehölzen zum Bau seiner Burgen und Dämme. Andererseits fällt er Bäume, um an Nahrung in Form von jungen Trieben, Blättern und Rinde zu gelangen.

Die Fähigkeit, Bäume zu fällen und Burgen oder Dämme zu bauen, ist eine instinktgesteuerte, angeborene Verhaltensweise. Jungtiere können von vorneherein kleine Äste abnagen. Trotzdem müssen sie sich die Nage- und Bautechnik zusätzlich bei den Alttieren abschauen, um dann durch häufiges Üben zur Perfektion auf diesem Gebiet zu gelangen.

Biber haben eine besondere, für sie typische Technik des Bäumefällens entwickelt. Diese Arbeit wird normalerweise in der Nacht verrichtet. Bevorzugt fressen und verarbeiten sie schnellwüchsige, dünne Weichgehölze wie Weiden, Pappeln und Espen. Gelegentlich wagen sie sich auch an Hart- und Nadelholz.

Am amerikanischen Biber wurden folgende Beobachtungen gemacht: Zunächst nagt das Tier zwei übereinanderliegende Markierungen in den Stamm. Der Abstand dieser Zeichen ist umso größer, je dicker der Baum ist. Es werden jedoch bevorzugt Bäume bis zu 20 cm Stammdurchmesser gefällt. Manchmal wagen sich die Biber aber auch an größere Stämme heran. Als erstes wird die Rinde rund um den Stamm zwischen den beiden Markierungen abgenagt. Dann werden zwei neue Markierungen gesetzt, die nun etwas näher zusammenliegen. Wieder wird dazwischen eine Holzschicht abgenagt. Das ganze setzt sich so lange fort, bis der Baum die für die Nagetätigkeit der Biber typische Sanduhrform erhalten hat und schließlich umfällt.

Beim Nagen setzt sich der Biber auf die Hinterbeine und stützt sich mit dem Schwanz ab. Die Vorderpfoten umfassen dabei meistens den Baum. Der Kopf wird um 90° zur Seite geneigt und die oberen Schneidezähne verankern sich im Holz. Die eigentliche Nagetätigkeit führen die unteren Schneidezähne aus.

Normalerweise erledigen die Biber die Fällarbeiten alleine. Nur bei sehr dicken Stämmen arbeiten sie auch mal zusammen, wobei sich zwei Tiere bei der Arbeit abwechseln.

An dem Knarren des Holzes erkennt der Biber, wann der Baum zu kippen beginnt. Er flieht dann

Dieser Baum wurde von einem Biber gefällt.

Dickere Äste werden abgenagt, bevor sie wegtransportiert werden.

Auf ausgetretenen Biberpfaden werden Gehölze, die vom Ufer entfernt wurden, transportiert.

Frische Nagespuren an einem Baumstamm. Die abgenagten Späne verraten, daß hier erst kürzlich ein Biber bei der Arbeit war.

Bevor der Baum gefällt wird, nagt der Biber rund um den Stamm die Rinde ab.

Nagespuren der Biber sind an der typischen Sanduhrform zu erkennen.

so schnell wie möglich zum Wasser und taucht ab. Danach patroulliert er noch einige Zeit im Wasser entlang des Ufers auf und ab, bis er schließlich zum Baum zurückkehrt.

Im allgemeinen wird dieses Verhalten so interpretiert, daß der Biber flüchtet, damit er nicht vom Baum erschlagen wird. Dem widerspricht aber der Umstand, daß Biber immer in dieselbe Richtung, und zwar ins Wasser flüchten. Die meisten am Ufer stehenden Gehölze neigen sich aber in der Regel Richtung Gewässer und stürzen oft ins Wasser.

Eine biologisch einleuchtendere Erklärung ist folgende: Der Biber befindet sich während seiner Nagetätigkeit an Land, ohne laute Geräusche zu verursachen. Wenn der Baum umfällt gibt es ein typisches, lautes Krachen, das weithin hörbar ist. Raubtiere, für die ein Biber an Land eine leichte Beute ist, können diesen Lärm unter Umständen hören und darauf aufmerksam gemacht werden, daß sich ein Biber an Land befindet. Der Biber flüchtet also ins Wasser, um vor möglichen, durch die Geräusche angelockten Feinden, sicher zu sein. Deshalb bleibt er auch noch geraume Zeit im Wasser, bevor er sich an die weiteren Arbeiten macht. Zwar brauchen die Biber in unseren Breiten natürliche Feinde nicht mehr zu fürchten, trotzdem ist dieses Verhaltensmuster noch tief in ihren Genen verankert.

Die Tiere transportieren die gefällten Bäume nun zum Wasser und dann schwimmend zu einer „Baustelle" oder in den Bau, je nachdem, ob sie als Baumaterial oder als Nahrung dienen sollen. Natürlich werden frische Blätter oder Rinde auch gleich vor Ort genüßlich verzehrt. Kleine Bäumchen packt der Biber mit den Zähnen und schleift sie hinter sich her oder zieht sie beim Schwimmen. Die Äste größerer Bäume werden abgenagt und auf dieselbe Weise weggeschafft. Sehr dicke Stämme werden jedoch nicht abtransportiert. Lediglich die Rinde wird abgeschält und aufgefressen.

Stehen die Gehölze in größerer Entfernung vom Ufer, benutzen die Tiere immer dieselben Transportwege, die sogenannten Biberpfade. Allerdings ist es für sie ausgesprochen beschwerlich, das gefällte Material über Land zu transportieren. Daher legen sie häufig mit Wasser gefüllte Kanäle an. Diese Kanäle entstehen entweder durch Austreten oder durch aktives Graben. In ihnen wird das Baumaterial in das Gewässer geflößt. Solche Kanäle können oft bis zu 100 m und mehr lang sein.

Um die Zweige und Äste im Wasser effektiv zu transportieren, müssen möglichst viele mit dem Maul festgehalten werden. Beim Einsammeln helfen die geschickten Vorderpfoten, um sie zum Maul zu führen, bis ein dickes Bündel zustande gekommen ist.

Der Biber als Burgenbauer

Der Bau einer Biberfamilie wird im allgemeinen als Burg bezeichnet. Oft legen die Tiere aber, besonders in Europa, ihre Burgen zunächst unterirdisch an, so daß sie nicht als solche zu erkennen sind. Erst im Verlauf der Jahre, wenn der Bau immer mehr vergrößert und erhöht wird, entsteht die typische Biberburg.

Wenn ein junges Biberpärchen zusammengefunden hat und zur Fortpflanzung schreitet, muß es erst einen geeigneten Lebensraum finden, in dem es sich ansiedeln kann. Voraussetzung ist ein Gewässer mit möglichst gleichbleibendem Wasserstand und dichtem Uferbewuchs. Bei sämtlichen Holzfäll- und Bauarbeiten sind beide Geschlechter beteiligt.

Haben die Tiere einen Fluß oder einen See gefunden, der nicht allzu großen Schwankungen im Wasserspiegel unterworfen ist, legen sie ihren Bau in der Uferböschung an. Bevorzugt werden Ufer, die sich mindestens 50 cm, besser noch ein bis zwei Meter über das Gewässer erheben und eine Steigung zwischen 20° und 45° aufweisen. Je nach den landschaftlichen Gegebenheiten legt der Biber seinen Bau auch in sehr steilen Böschungen an. Sogar befestigte Spuntwände und natürliche Höhlen dienen dem Biber als Grundlage für seinen Bau.

Das Anlegen eines neuen Baues erfolgt immer nach demselben Prinzip. Die Biber graben einen Gang schräg nach oben, der in einer erweiterten Kammer endet. Diese Kammer muß sich oberhalb des Wasserspiegels befinden. Meistens legen die Tiere mehrere Eingänge zu ihrer Kammer an, die alle unter der Wasseroberfläche liegen. Würde das Innere des Baues vom Land aus erreichbar sein, könnten auch andere Tiere hineingelangen und die Bewohner, insbesondere die Jungtiere, bedrohen.

Außerdem muß die Wassertiefe groß genug sein, damit die Eingänge in einer Tiefe angelegt werden können, in der das Wasser nicht gefriert. Würde der Zugang zur Burg einfrieren, wären die Tiere eingeschlossen und müßten unter Umständen verhungern. Biber benötigen daher über das ganze Jahr hinweg einen konstanten Mindestwasserstand von 60 bis 90 cm.

Wenn der Wasserspiegel in dem Gewässer steigt, kratzen die Tiere Erdmaterial von der Decke ab, daß dann auf den Boden fällt und ihn somit erhöht. Irgendwann ist aber der Zeitpunkt gekommen, an dem die Decke des Baues zu dünn wird. Dann befestigen sie Äste, Zweige, Schlamm und Steine auf dem Dach.

Durch diese Baumaßnahmen entsteht allmählich die typische Biberburg. Auch wenn der Wasserspiegel nicht schwankt, arbeiten die Biber ständig an ihrem Bau, um ihn zu vergrößern, zu verbessern und, falls nötig, zu reparieren.

Die nordamerikanischen Biber legen ihre Burg gerne inmitten von flachen Gewässern an. Zunächst bauen sie ein Fundament aus Schlamm, Erde und Steinen, bis es aus dem Wasser herausragt. In diesem Sockel befestigen sie scheinbar kreuz und quer Äste und Zweige. Betrachtet man das Bauwerk aber näher, wird man feststellen, daß es äußerst stabil gebaut ist und kaum Lücken aufweist. Es entsteht ein

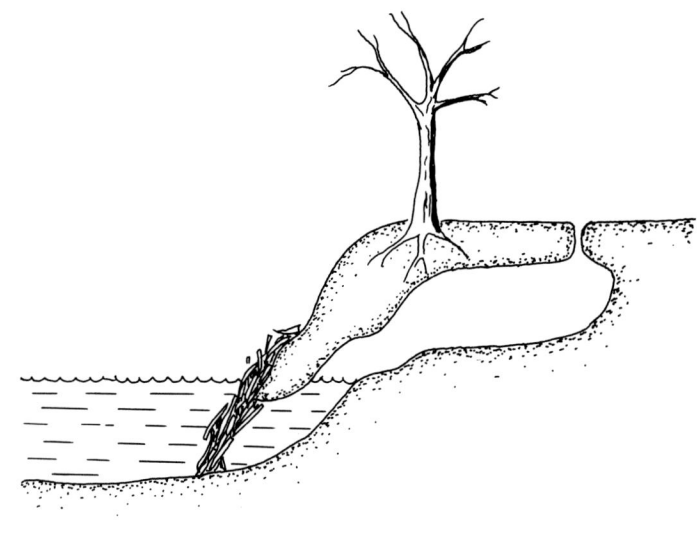

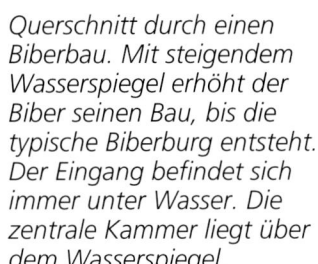

Querschnitt durch einen Biberbau. Mit steigendem Wasserspiegel erhöht der Biber seinen Bau, bis die typische Biberburg entsteht. Der Eingang befindet sich immer unter Wasser. Die zentrale Kammer liegt über dem Wasserspiegel.

konisch geformter, solider Hügel, der zwei bis drei Meter hoch sein kann. Die Ritzen zwischen dem Holzmaterial werden mit Schlamm und Steinen „verputzt". Der hierfür benötigte Schlamm wird vom Gewässergrund hochgeholt und mit den Armen, die fest gegen die Brust gedrückt werden, transportiert. Hat der Biber die Burg erreicht, klettert er aufrecht nur auf den Hinterbeinen heraus, wobei er sich mit dem Schwanz abstützt. Geschickt wird der Schlamm mit den Vorderpfoten verteilt und festgedrückt. Gelegentlich wird hierzu auch die Nase benutzt. Unbewußt wird der Schwanz zum Glattstreichen verwendet. Da er ja beim Laufen hinterhergeschleppt wird, glättet er die Oberfläche allein durch sein Eigengewicht.

Beim Verputzen der Burg verbleiben keine Luftlöcher in den Wänden. Nur auf der Spitze bleibt eine Ventilationsöffnung frei, damit im Innern der Burg ein Luftaustausch stattfinden kann. Allerdings kann man durch diese Öffnung nicht in den Bau hineinschauen. Die verbauten Äste sind so verschränkt, daß zwar die Luft zirkulieren kann, der Bau aber trotzdem optimal geschützt ist. Nur im Winter er-

kennt man dieser Stelle an dem durch warme Luft aus dem Burginnern weggeschmolzenen Schnee. Gelegentlich sieht man sogar die ausströmende Luft als kleine Dampfwolke, die den Schnee um die Öffnung herum gelblich färbt.

Hat das Bauwerk seine vorgesehene Höhe erreicht, arbeiten die Biber unter Wasser weiter. Sie legen einen oder mehrere Gänge an, die in die zukünftige Burg führen. Dann höhlen sie das Innere des Hügels aus, bis eine Wohnkammer entstanden ist, die etwa 60 cm hoch ist und bis zu einem Meter im Durchmesser mißt. Bei weiteren Instandhaltungsarbeiten und Vergrößerungen wird im Wechsel über und unter Wasser gearbeitet.

Eine Biberburg ist so dicht und gut isoliert, daß selbst bei Außentemperaturen weit unter dem Gefrierpunkt die Temperatur im Innern deutlich über 0°C liegt.

Bleibt das Gewässer in der Form, in der es die Biber vorgefunden haben, bestehen und ist ausreichend Nahrung vorhanden, bewohnen die Tiere ihre Burg jahrelang oder sogar bis an ihr Lebensende.

Biberburg mit Treibholzlager.

Eine Biberburg kann mehrere Meter hoch werden.

Der Biber als Spezialist für Wasserbau

Der Biber transportiert sein Baumaterial indem er es mit dem Maul beim Schwimmen hinterher zieht.

Finden die Biber kein Gewässer, das ihren Anforderungen für einen idealen Lebensraum entspricht, sind sie in der Lage, durch den gezielten Bau von Staudämmen das Gewässer oberhalb des Dammes so zu verändern, daß es für ihre Zwecke geeignet ist. Sie arbeiten also an einer Stelle, die für sie eigentlich keine Bedeutung hat, und müssen vorhersehen, ob das Gewässer in der gewünschten Art und Weise dadurch verändert wird. Zu solch einer Leistung ist kein anderes Tier befähigt.

Bevor sie sich an die Arbeit machen, inspizieren sie das Gelände genau. Durch das Aufstauen kleiner Flüsse und Bäche können sie einen See entstehen lassen. Kleine, flache Teiche werden größer und tiefer, wenn der Abfluß gestaut wird.

Sobald die Biber eine geeignete Stelle für einen Damm gefunden haben, beginnen sie mit dem Sammeln von Ästen. Wie ein Damm aussieht und gebaut wird, hängt von den landschaftlichen Gegebenheiten, der Strömung und dem verfügbaren Material ab. Die Dämme sind flach oder hoch aufgewölbt, gerade oder bogenförmig. Oberflächenstruktur und Farbe hängen von dem zur Verfügung stehenden Material ab und sind stets an das Landschaftsbild angepaßt.

Zunächst verankern die Biber möglichst dicke Äste im Gewässerboden, indem sie sie in den Boden rammen und mit Astgabeln und Zweigen gegen die Strömung abstützen. Eine auf diese Weise entstandene Brücke wird dann mit weiteren Zweigen zu einem Damm ausgebaut. Wie bei der Burg werden die Zwischenräume mit Schlamm und Steinen abgedichtet. Der Damm wird so lange vergrößert, bis in dem angestauten Gewässer eine ausreichende Wassertiefe erreicht ist. Mit dem fließenden Wasser herangetragene Schwebteilchen und Blätter verdichten ihn zusätzlich. Alte Dämme werden von Pflanzen durchwurzelt und sind daher besonders stabil.

Die flußaufwärts gerichtete Wand fällt unter Wasser steil und glatt ab. Vor dieser Wand ist im Gewässerboden eine große Grube entstanden, da hier der Biber das Baumaterial geholt hat. Diese Grube verlangsamt die Wasserströmung, so daß der Druck auf den Damm verringert wird. Die flußabwärts gerichtete Wand besteht aus unregelmäßig angeordneten, dicken Ästen, die sich gegen den Grund und das Ufer stützen. Sie sind dafür verantwortlich, daß der Damm dem ständigen Wasserdruck standhält. In dem nun aufgestauten Gewässer legt der Biber seinen Bau an. Der neu geschaffene Lebensraum bietet auch zahlreichen anderen Tieren und Pflanzen ideale Bedingungen.

In Ufernähe ist die Krone des Dammes etwas niedriger. An diesen Stellen fließt das überschüssige Wasser ab. Fällt der Wasserspiegel in dem Biberteich z. B. durch eine langanhaltende Trockenheit ab, kann dies durch eine Erhöhung des Staudammes und Verkleinern der Abflußstellen kompensiert werden. Droht dagegen die Biberburg während der Schneeschmelze oder bei heftigen Regenfällen überflutet zu werden, reißt der Biber einen Teil seines Dammes ein und der Wasserspiegel fällt ab.

Biber müssen also ständig den Wasserstand in ihrem Teich kontrollieren und bei Bedarf den Damm verändern oder reparieren. Bei diesen Arbeiten hilft die ganze Familie mit. In manchen Gegenden sind die Tiere sogar gezwungen mehrere Dämme anzulegen, um sich den notwendigen Lebensraum zu verschaffen.

Die Möglichkeit, den Wasserspiegel zu kontrollieren, erweist sich im Winter als Vorteil. Wenn es sehr stark friert, warten die Tiere ab, bis sich eine stabile Eisdecke gebildet hat. Sie halten sich dann vorwiegend in ihrer Burg auf. Bei amerikanischen Bibern hat man beobachtet, daß die Tiere dann unter der Eisschicht zu ihrem Damm schwimmen und Baumaterial daraus entfernen, bis der Wasserspiegel so weit absinkt, daß sie bequem unter dem Eis entlangschwimmen können. Im Frühjahr wird dann der Damm wieder erhöht.

Hinter dem Biberdamm ist
der Wasserspiegel wesentlich
höher als davor.

Ein alter Biberdamm ist
mit Pflanzenwurzeln
durchzogen und daher
besonders stabil.

Der Biberdamm wird aus verschiedenen pflanzlichen
Materialien errichtet.

Durch den Biberdamm hat
sich ein See gebildet,
indem der Biber seine
Burg errichtet hat.

Ein Biberdamm ist so stabil, daß man darüber laufen kann.

Querschnitt durch einen Biberdamm. Aus Ästen, Zweigen, Blättern und Erde wird ein stabiler Damm gebaut, der das Wasser aufstaut, wodurch ein für den Biber geeigneter Biotop entsteht.

Biber, die keine Möglichkeit haben, den Wasserstand auf diese Weise zu kontrollieren, müssen im Winter möglichst versuchen, an der Wasseroberfläche eisfreie Stellen zu erhalten. In Biberkolonien können entlang eines Fließgewässers mehrere Staudämme errichtet sein, die Stauseen entstehen lassen, in denen jeweils eine Biberfamilie wohnt. Biberdämme werden über Jahrzehnte und vielleicht sogar Jahrhunderte hinweg von Generation zu Generation übernommen und instand gehalten. Der größte bekannte Biberdamm befindet sich in Montana, USA. Er hat eine Länge von 700 m und ist so stabil, daß man darüber reiten kann.

Ökologische Bedeutung der Biberaktivitäten

Wegen seiner landschaftsbaulichen Maßnahmen wurde der Biber von den Menschen nicht gerade geliebt. Vielerorts verfolgte man ihn, weil er große Landflächen überflutete. Dabei hat der Biber seit Jahrtausenden nichts anderes getan, als das, was heute mit aufwendigen Stauseen und Hochwasserfreilegungen vom Menschen versucht wird. Dort, wo es Biber gab, gab es keine Hochwasserkatastrophen. Durch die zahlreichen kleinen Stauseen verteilten sich z.B. die riesigen Mengen anfallenden Schmelzwassers und konnten langsam abfließen. Ohne die Bauwerke der Biber wäre dieses Wasser als reißender Fluß zu Tale geströmt und hätte Sediment mit sich gerissen und Tiere und Pflanzen weggespült.

Häufig kommt es auch vor, daß ein von Bibern angelegtes Gewässer mit der Zeit verlandet und von den Tieren wieder verlassen wird: Durch das Fällen der Bäume und die Überflutung lichtet sich der umliegende Wald. Krautige Pflanzen wachsen reichhaltiger und in größerer Artenvielfalt. Das Ufer versumpft allmählich. Nahrung und Baumaterial müssen aus immer größeren Entfernungen geholt werden. Dazu gräbt der Biber Kanäle, die dazu führen können, daß das Gewässer sich an dieser Stelle einen neuen Lauf sucht und vollständig verlandet. Die Biber verlassen dann diesen Lebensraum, um woanders eine neue Kolonie zu gründen. Zurück bleibt ein fruchtbarer Schlickboden, der wieder neuen Pflanzen geeignete Lebensgrundlage bietet.

Für die ersten weißen Siedler Nordamerikas waren die fruchtbaren Böden ehemaliger Bibersiedlungen von besonderer Bedeutung: sie lieferten ihnen die ersten guten Ernten. Ein Teil der Stadt Montreal (Kanada) ist auf ehemaligem Bibergebiet errichtet worden.

Siedeln sich Biber in natürlichen Auwäldern an, steigt in diesen Bereichen die Artenvielfalt sowohl bei der Pflanzen- als auch bei der Tierwelt an. Die Biber lichten die Wälder aus, indem sie Bäume fällen.

Durch Kanäle, die der Biber gegraben hat, kann ein Gewässer leerlaufen und verlanden.

Daraufhin gelangt mehr Licht als zuvor in die unteren Zonen, und zahlreiche krautige Pflanzen finden hier nun einen geeigneten Lebensraum. Nachfolgend siedeln sich viele Tierarten an, die auf die vielfältige Flora als Nahrungs- und Wirtspflanzen angewiesen sind.

Verstärkt wird dieser Effekt noch dadurch, daß sich an der Grenzzone zweier Lebensräume – in diesem Fall der dichte Auenwald und die lichte Uferzone - ein besonders reichhaltiges Artenspektrum einfindet. Dieses Phänomen wird als Randeffekt bezeichnet.

Nicht zuletzt kommt den Bibern eine bedeutende Rolle im Stoffkreislauf des Ökosystems Wald zu. Sie sind in der Lage, die schwer zersetzbare Rinde der Weichhölzer mit Hilfe ihrer Darmbakterien aufzuschließen und zu verdauen. Durch das Fällen und Zerlegen der Bäume schleusen sie so Nährstoffe in das Ökosystem Wald zurück, von denen wiederum andere Organismen profitieren. Das gleiche gilt auch für den Eintrag von Nährstoffen ins Gewässer.

Diese Biberburg eines amerikanischen Bibers liegt mitten in einem Gewässer.

Gefährdung
und ihre
Ursachen

„Meister Bockert" - verfolgt und gejagt

Die Verbreitung des Bibers in Europa (schraffierte Flächen).

Wie alle einheimischen größeren Tiere, die den Menschen auf irgendeine Weise beeindruckt haben, erhielt auch der Biber seinen Fabelnamen. Die Bezeichnung „Meister Bockert" hat sich bis in die heutige Zeit in der Jägersprache erhalten.

Früheres Vorkommen

Früher besiedelten die Biber fast alle wald- und gewässerreichen Gegenden in den gemäßigten, subarktischen und zum Teil subtropischen Zonen der nördlichen Hemisphäre. Auch in Mitteleuropa war der Biber häufig. Nur in Irland hat es ihn nie gegeben. Über 200 deutsche Städtenamen wie Biberach, Biberegg, Biebrich usw. zeugen heute noch von ehemaligen Bibervorkommen. Auch in den nördlichen USA und Kanada hat man den Namen in Städten wie Beaver oder Beaver Creek verewigt. In Europa begann die gezielte Verfolgung der Biber schon vor etwa 1000 Jahren. Im 12. Jahrhundert war der Biber in Großbritannien bereits ausgerottet. Im 15. Jahrhundert verschwand er aus Italien, und bis zur Mitte des 18. Jahrhunderts war der Biberbestand in Mitteleuropa bis auf wenige Vorkommen reduziert. In der Schweiz wurde der letzte Biber 1705 erlegt. Im Rheinland und Sachsen rottete man ihn um 1840 aus, in Bayern um 1850, in Württemberg 1854 und in Niedersachsen 1856. In Nordrhein-Westfalen starb der letzte Biber 1877. Nicht viel besser stand es um den nordamerikanischen Biber. Um 1900 war er bis auf wenige, kleine Bestände sowohl in den USA als auch in Kanada ausgerottet.

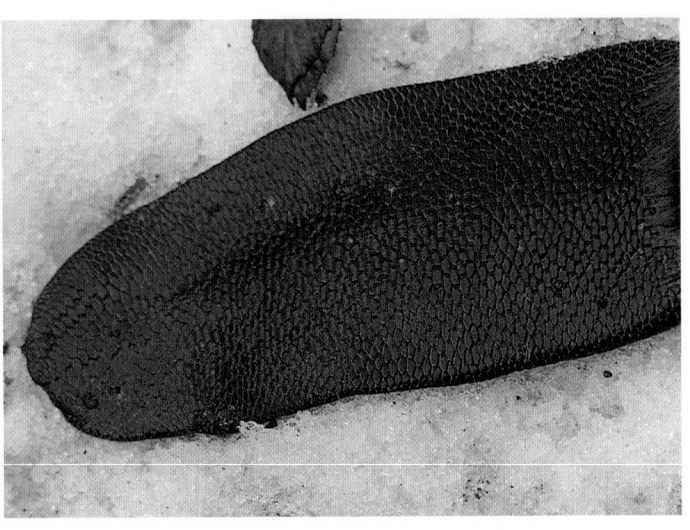

Wegen seines Schuppenschwanzes erklärte man den Biber früher zum Fisch.

Gefährdung

Biberfleisch ist schmackhaft und besitzt ein typisches, etwas strenges Aroma. Schon die europäischen Steinzeitmenschen erlegten Biber und aßen ihr Fleisch, ebenso wie die Indianer in Nordamerika. Indianer jagen schon seit jeher Biber und verwerten sowohl das Fleisch als auch das Fell. Sie verehren diese Tiere aber auch und nennen sie ihre „Kleinen Brüder".

Aufgrund der Bejagung durch die Indianer war der Biberbestand zu keiner Zeit gefährdet. Erst mit dem Auftreten des Weißen Mannes wurden die harmlosen Nager in Nordamerika, wie schon zuvor in Europa, nahezu ausgerottet.

Der Biber wurde aus mehreren Gründen so gnadenlos verfolgt. Zu seinem Unglück verwertete der Mensch fast alle Teile seines Körpers für die unterschiedlichsten Zwecke. Wer daran kein Interesse hatte, jagte ihn wegen seiner Holzfäller- und Bautätigkeiten, die der damaligen Vorstellung entsprechend angeblich der Land- und Forstwirtschaft schadeten.

Der Schuppenschwanz war sein Verhängnis

Im 10. Jahrhundert wurde in einem schweizerischen Kloster eine Sammlung von Tischgebeten und Speisesegnungen zu Pergament gebracht. Hierin ist zu lesen: „Gesegnet sei des fischähnlichen Bibers Fleisch". Noch Jahrhunderte später schrieb im Jahre 1754 ein Jesuitenpater: „Bezüglich seines Schwanzes ist er ganz Fisch, und er ist als solcher gerichtlich erklärt durch die Medizinische Fakultät in Paris, und in Verfolg dieser Erklärung hat die Theologische Fakultät entschieden, daß das Fleisch an Fastentagen gegessen werden darf".

Offensichtlich versuchte die Kirche den Speiseplan in der selbstauferlegten Fastenzeit zu bereichern. Der Genuß von Fleisch warmblütiger Tiere

ist während dieser Zeit verboten. Aufgrund des beschuppten, nackten Schwanzes und der aquatischen Lebensweise des Bibers ließ man ihn kurzerhand zum Fisch erklären, und schon stand der Biberbraten während der Fastenzeit auf dem klösterlichen Speiseplan.

Allein dieser Umstand hätte aber nicht zu einer so drastischen Dezimierung dieser Nager geführt.

„Bibergeil" als Allheilmittel

Wie schon erwähnt, besitzen Biber zwei große Analdrüsen, in denen das sogenannte „Bibergeil" gebildet wird. Es dient der Reviermarkierung und als Sexuallockstoff bei der Partnerfindung.

Diese als Castoreum bezeichnete Substanz war in der medizinischen Praxis des Mittelalters ein vielgepriesenes Heilmittel.

In einem 1679 in Frankfurt erschienen „Kreuterbuch" waren zahlreiche Anwendungsvorschriften gegen nahezu alle Krankheiten nachzulesen. 1685 wurde sogar eine „Castorologia" mit über 200 verschiedenen Rezepten veröffentlicht. Natürlich sollte das Castoreum nicht nur gegen Krankheiten helfen, sondern auch die Manneskraft steigern. Die Heilwirkung des „Bibergeils" beruhte sicherlich auf dem Salizin, ein schmerzstillendes Mittel, das hauptsächlich bei Rheuma wirkt. Salizin ist in der Rinde von Weiden enthalten, wird mit der Nahrung vom Biber aufgenommen und gelangt so über den Stoffwechsel in das Drüsensekret. Erst 1891 verschwand das Castoreum aus dem Deutschen Arzneimittelbuch. Trotzdem wurde es auch danach noch gelegentlich

Da Biber auch gerne Obst und Feldfrüchte fressen, wurden sie von den Bauern verfolgt.

in der Volksheilkunde verwendet. Außerdem spielte es noch weiterhin eine Rolle bei der Parfumherstellung.

Auch andere Körperteile des Bibers sollten der menschlichen Gesundheit zuträglich sein. Eltern hängten die Schneidezähne eines Bibers als Amulett um den Hals ihres Säuglings. Dadurch sollte das Zahnen erleichtert werden.

Der Biberpelz

Das ungewöhnlich dichte, weiche Fell des Bibers ist ideal, um sich damit vor der winterlichen Kälte zu schützen. Da Biberpelze schon immer wertvoll und begehrt waren, trugen Adelige und reiche Kaufleute sie auch als Statussymbol. Im 14. und 15. Jahrhundert, zur Blütezeit der Hanse, waren Biberfelle die wichtigste Handelsware.

Im 17. und 18. Jahrhundert glaubte man noch, daß Hüte aus Biberhaar vor Krankheiten schützen und vor allem das Gedächtnis stärken würden.

Bis zur Neuzeit war die Nachfrage nach diesen Pelzen ungemindert. Als der Bedarf durch mitteleuropäische Tiere nicht mehr gedeckt werden konnte, verschaffte man sie sich aus Skandinavien, Osteuropa und Nordasien. Aber auch hier blieb die Wirkung auf die Biberbestände nicht aus. Um 1850 verschwanden die Tiere aus Schweden, Finnland, dem Baltikum und dem europäischen Teil der ehemaligen Sowjetunion.

Die europäischen Pelzhändler wußten sich aber zu helfen. Sie importierten Felle aus der Neuen Welt. Um 1600 lebten dort etwa 60 bis 100 Millionen Biber, die in ihrem Bestand aufgrund der Bejagung durch die Indianer keineswegs bedroht waren. Von den weißen Siedlern wurde 1670 die Hudson Bay Company gegründet. Diese Gesellschaft schickte bis zum Jahre 1800 –entgegen dem Willen der Indianer– jährlich 50 000 Biberfelle nach Übersee. Als die

europäischen Bestände zusammenbrachen, erhöhten sie die Anzahl der ausgeführten Pelze. 1859 waren es schon etwa 100 000 und im Jahre 1875 erreichte der Export seinen Höhepunkt mit 270 903 Fellen. Auch hier konnten die Verluste nicht von den Biberpopulationen ausgeglichen werden. Nach 20 Jahren wurden nur noch 60 000 Biber erlegt. Um 1900 waren sie in Nordamerika ebenso dezimiert wie in Europa. Die Biberjäger waren übrigens diejenigen gewesen, die einen großen Teil des nordamerikanischen Kontinents erschlossen und die Nord-West-Passage entdeckt haben.

Der Biber als Feind von Land- und Forstwirten

Man hat Biber nicht nur verfolgt, um sie kommerziell auszubeuten, sondern auch, weil sie als Schädling und Konkurrent in Land- und Forstwirtschaft betrachtet wurden.

Früher rankten sich um unser größtes Nagetier Legenden, die von riesigen Dämmen und Burgen, die Biber angeblich erbauen, erzählten, und von ganzen Wäldern, die von den Tieren mutwillig abgeholzt wurden. Überschwemmungen und Kahlschläge seien die Folge.

Wie aber schon berichtet wurde, errichten Biber nur Dämme, wenn sie kein geeignetes Gewässer finden, in dem sie ihren Bau anlegen können. Durch diese Maßnahmen finden dann auch zahlreiche andere Tiere und Pflanzen wieder einen Lebensraum. Was das Abholzen anbelangt, so bevorzugt der Biber für den Waldbesitzer wertloses Weichholz und vergreift sich nur selten an nutzbaren Harthölzern.

Bevor der Biber an Land geht, muß er nachprüfen , ob die Luft „rein" ist.

Die landschaftsgestalterischen Aktivitäten der Biber waren den Landwirten trotzdem seit jeher ein Dorn im Auge. Durch ihre eifrige Bautätigkeit kann eine Biberfamilie Landflächen entlang eines Gewässers in kürzester Zeit unter Wasser setzen. Dazu gehörten natürlich auch schon immer landwirtschaftliche Nutzflächen. Die Bauern sahen sich um einen Teil ihres Kapitals beraubt und versuchten die Tiere zu verjagen. In harmlosen Fällen rissen sie die erbauten Dämme ein, die natürlich sofort von den Bibern wieder aufgebaut wurden. Dieses Spiel wiederholte sich viele Male, wobei die Biber meistens das größere Durchhaltevermögen bewiesen. Aber nicht immer kamen die Tiere so glimpflich davon. Häufig wurden sie einfach getötet.

Man sollte meinen, daß diese Vorfälle der Vergangenheit angehören. Aber erst in den achtziger Jahren konnte man Schlagzeilen lesen wie: „Biber versenken Traktoren! Biber verursachen Überschwemmung landwirtschaftlicher Flächen! Biberschäden gehen in die Hunderttausende! Biber zum Abschuß freigeben!" - Hierbei muß aber berücksichtigt werden, daß sich diese „Schreckensmeldungen" auf kleine Bestände mühsam erhaltener oder wieder eingebürgerter Biber bezogen. Natürlich sind diese Schlagzeilen maßlos übertrieben und rückten leider bei vielen den Biber in ein schlechtes Licht.

Der Biber hat in Deutschland den Status einer vom Aussterben bedrohten Art und ist durch die Bundesartenschutzverordnung geschützt. Ebenso gilt er seit 1976 nicht mehr als jagdbares Wild.

Neben den legendären, durch Biber verursachten Überschwemmungen, die allerdings in Europa keineswegs die Ausmaße wie in Nordamerika erreichen, machte sich der Biber noch aus anderen Gründen unbeliebt.

Biber, die in der Nähe von Ackerflächen leben, bereichern natürlich auch gerne ihren Speiseplan mit den in Hülle und Fülle angebotenen Feldfrüchten. Mais und Zuckerrüben werden dabei bevorzugt genommen, aber auch Getreide wird nicht verschmäht. Dies war ein weiterer Grund, weswegen die fleißigen Nager bei den Bauern nicht gerne gesehen waren.

Einem etwas unglücklichlichen Umstand verdanken es die Biber, daß einige Bauern sogar wegen ihnen um Leib und Leben fürchten. In geeigneten Gewässern bauen Biber, bevor sie eine Burg errichten, ihren Bau schräg in die Uferböschung. Hierbei wird der Boden unterhöhlt, was aber von außen nicht zu erkennen ist. Wird nun eine angrenzende landwirtschaftliche Fläche bestellt, kommt es vor, daß der Landwirt, um möglichst viel Fläche auszunutzen, so nahe wie möglich mit seinem Traktor an den Gewässerrand heranfährt. So ist es gelegentlich vorgekommen, daß das schwere Gerät eingebrochen ist, und bedauerlicherweise manchmal Mensch und Maschine zu Schaden gekommen sind.

Diese Unglücksfälle lassen sich durch ausreichende Informationen, Aufklärung und Kooperation zwischen behördlichen Artenschützern und Landwirten in der Regel vermeiden. Denn sonst wird es wohl immer Fälle geben, in denen die Biber ungeachtet ihrer starken Bedrohung von Menschen getötet werden. Nicht nur einmal konnten Wissenschaftler, die kleine Biberverbände in geeigneten Biotopen wiederanzusiedeln versuchten, Ausfälle von Tieren verzeichnen,

So sieht ein idealer Biberbiotop aus.

die von Unbekannten erschlagen oder erschossen wurden.

Hier muß nun endlich ein Umdenken, besonders bei Landwirten und Jägern, stattfinden. Der Biber ist kein Unhold, der mutwillig ganze Wälder und Ernten zerstört oder den fleißigen Bauern nach dem Leben trachtet, er ist vielmehr ein wichtiger Bestandteil unserer heimischen Fauna, der zum Hochwasser-schutz, zur Bodenfruchtbarkeit und zur Artenvielfalt beiträgt.

Lebensraumverluste

Nicht nur durch direkte Verfolgung, sondern auch indirekt durch Lebensraumverlust in unserer Kultur-landschaft wurde der Biber in wenige Refugien zurückgedrängt.

Der Mensch veränderte – besonders in den ver-gangenen 100 Jahren – die Landschaft so, wie es für seine Zwecke am besten erschien. Diese regulieren-den Eingriffe in die Landschaft sind jedoch von großer Tragweite. Die Konsequenzen in ihrer gesam-ten Dimension werden erst heute sichtbar. Feucht-gebiete und kleine Gewässer wurden trockengelegt, um fruchtbares Ackerland zu gewinnen. Bäche und Flüsse wurden in ein künstliches Bett gezwungen, damit die Landschaft besser „flurbereinigt" und be-baubar wurde und Wasserstraßen für die Schiffahrt entstehen konnten. Riesige Stauseen wurden ange-legt, um Trinkwasser und Strom zu gewinnen. Alle diese Maßnahmen veränderten und zerstörten häufig wertvolle Lebensräume. Nicht zufällig stehen deshalb heute fast alle Pflanzen und Tiere, die auf Feuchtgebiete, Auenwälder und kleine Gewässer als Lebensraum angewiesen sind, auf der Roten Liste der bedrohten Arten.

Auch der Biber gehört dazu. Als wasserleben-des Nagetier benötigt er ruhige oder langsam fließende Gewässer, deren Ufer einen entsprechen-den Bewuchs aufweisen müssen, damit er seinen Bedarf an Nahrung und Baumaterial decken kann. Weiterhin wirkt sich die Wasserqualität auf den Bestand aus. Biber sind an sich nicht sehr wählerisch bezüglich der Wasserqualität. Tiere, die aber von den häufig stattfindenden Revierkämpfen Wunden da-vontragen, sterben eher an den Folgen dieser Verletzungen, da sie sich in dem verschmutzten Wasser leicht infizieren.

Hinzu kommt, daß eine Biberfamilie ein relativ ungestörtes Areal benötigt, welches für ihre Aktivi-täten groß genug ist. Bei einem durchschnittlichen Aktionsradius von 500 m beansprucht eine Biber-familie an einem größeren Fließgewässer, von dem nur ein Ufer genutzt werden kann, etwa 1 km Flußstrecke.

Jungtiere, die den Familienverband verlassen, müssen häufig lange Wanderungen unternehmen, um einen geeigneten Ort zu finden, an dem sie sich ansiedeln können. Die durchschnittliche Wande-rungsdistanz beträgt 26 km. In unserer dicht besie-delten und von Verkehrswegen erschlossenen Landschaft lauern auf diesen Wanderungen viele Gefahren. Zwar gibt es bei uns keine natürlichen Feinde mehr, dafür fallen die an Land recht schwer-fälligen Tiere häufig dem Autoverkehr zum Opfer

Schutz
und
Hilfe

Schutzmaßnahmen

Glücklicherweise haben aber die Ergebnisse verschiedener Wiedereinbürgerungsversuche gezeigt, daß Biber sehr anpassungsfähig sind und selbst in dicht besiedelten und vom menschlichen Einfluß geprägten Gegenden bestehen und sich durchaus mit den veränderten Umweltbedingungen arrangieren können.

Um eine vom Aussterben bedrohte Tierart hinreichend schützen zu können, muß zunächst ein umfangreiches Wissen über Biologie, Verhalten, Lebensweise, Ernährung, Lebensraumansprüche, Reviergröße, Wanderungen, Vermehrungsrate und natürlich über die Gründe des Rückgangs zugrunde gelegt werden.

Zu allen diesen Punkten wurde bisher ausführlich berichtet. Nun bleibt noch die Überlegung, mit welchen Maßnahmen dem Biber in Mitteleuropa geholfen werden kann.

Schutz vorhandener Populationen

Solange noch Bestände, und wenn sie auch sehr klein sind, vorhanden sind, ist es durch strengste Schutzmaßnahmen in der Regel möglich, die Population zu erhalten, zu stabilisieren und mit der Zeit zu vergrößern.

Zunächst muß ein absolutes Fang- und Tötungsverbot über die bedrohte Tierart verhängt werden, das so weit wie möglich streng kontrolliert wird. Denn wie soll sich ein kleiner Bestand erholen, wenn einige Exemplare auch noch erschlagen oder erschossen werden. Diesen notwendigen Schutzstatus hat der Biber erhalten, als er vom Gesetzgeber in die Liste der durch die Bundesartenschutzverordnung geschützten Tiere aufgenommen wurde.

Weiterhin ist es wichtig, den Lebensraum der Tiere möglichst ungestört zu lassen und in der Form, wie er von den Bibern beansprucht wird, zu erhalten. Artenschutz bedeutet in jedem Falle auch Biotop-schutz. Hierzu gehört ebenso, daß die Biberreviere möglichst unbehelligt von touristischen oder sportlichen Aktivitäten der Menschen bleiben.

Sind alle diese Voraussetzungen gegeben, sollte sich der Biberbestand allmählich erholen. Nur regelmäßige Beobachtungen und Zählungen geben darüber Gewißheit.

Führen alle diese Maßnahmen nicht zu dem gewünschten Erfolg, kann man auch eine sogenannte Bestandsstützung vornehmen. Hierbei werden Tiere in dem Gebiet, in dem die Restpopulation vorhanden ist, ausgesetzt, um die Verbreitung zu erhöhen und die Population zu stabilisieren.

Allerdings wären diese Hilfsmaßnahmen für den Biber in den meisten ursprünglichen Verbreitungsgebieten zu spät gekommen. In der Mitte dieses Jahrhunderts existierten nur noch kümmerliche Bestände in Südnorwegen, an der unteren Rhône in Frankreich, an einigen Stellen in Polen und an der mittleren Elbe. In allen anderen ehemaligen Biberbiotopen war dieser Nager bereits ausgerottet.

Die Bestandsentwicklung an der Elbe

Am Beispiel des Elbebibers *(Castor fiber albicus)* läßt sich die erfreuliche Entwicklung aufzeichnen, wie sich aus einem kümmerlichen Restbestand eine stattliche Population entwickelt hat.

Ihren Tiefststand erreichte die Population des Elbebibers gegen 1890 mit etwa 200 Tieren in 93 Kolonien. Schon Mitte des letzten Jahrhunderts wurde die Jagd eingeschränkt. Im Jahre 1921 verhängte man eine ganzjährige Schonzeit und begann, Schutzmaßnahmen zu ergreifen. Allmählich erholte sich der Bestand. Um 1940 war ein erster Bestandshöhepunkt mit etwa 330 Tieren erreicht. Während der Kriegsjahre starben viele Biber an Tbc. Im Jahre 1952 war ein erneutes Tief mit 200 Bibern in 90 Kolonien zu verzeichnen. 1954 schließlich konnte

*Biberhabitat Gartower See -
in der niedersächsischen Elbmarsch
müssen sich Biber die wenigen
verbliebenen Lebensräume
zunehmend mit Sportbooten
teilen.*

aufgrund der Naturschutzgesetzgebung der damaligen DDR der Biberbestand wieder gefördert werden. Mittlerweile war der Biber als vom Aussterben bedrohte Art als schützenswert eingestuft. 1973 konnte man schon wieder 226 Kolonien, 1975 250 Kolonien zählen. Mit zunehmender Bestandsgröße führte die Population zu einer weiteren Arealausdehnung. Im Jahre 1982 war bereits das Maximum der letzten 150 Jahre erreicht: mindestens 1500 Biber lebten wieder an der mittleren Elbe und ihren Nebenflüssen.

Auf 2 km Fließgewässerlänge fand man durchschnittlich eine Biberansiedlung. Etwa vier Familien lebten auf einem Areal von 125 km^2, wobei zu jeder Familie vier bis fünf Tiere gehörten.

Am Anfang der 90er Jahre kann man stolz einen Bestand von etwa 3000 Bibern nachweisen, der nun endgültig als gesichert erscheint. Die zunehmende Individuenzahl geht mit einer weiteren geographischen Verbreitung einher. Sogar bislang biberfreie Gebiete werden durch natürliche Zuwanderung besiedelt. Der Elbebiber gilt inzwischen als nicht mehr gefährdet.

Innerhalb eines begrenzten Gebietes bleibt in einer stabilen Population die Individuenzahl durch endogene Regulation etwa gleich. Diese Populationsregulation kommt im Arealzentrum des Elbebibers bereits voll zum Tragen. Durch eine geringere Reproduktionsrate und eine erhöhte Sterblichkeit wird eine zu hohe Bevölkerungsdichte vermieden. Häufigste Todesursachen sind durch Streß verursachte Lungenentzündung, Hochwasser und Infektionen, besonders bei Jungtieren. Insgesamt hat man 20 verschiedene Todesursachen nachgewiesen.

Der Biber in Polen

Obwohl man sich schon im Mittelalter in Polen um den Schutz dieser begehrten, intensiv genutzten Tierart bemühte, war der Jagddruck und die Lebensraumzerstörung doch so stark, daß gegen Ende des 19. Jahrhunderts nur noch kleine Restbestände vorhanden waren. 1919 wurden die Biber gesetzlich unter Schutz gestellt. 1929 schätzte man den polnischen Biberbestand, der sich allerdings ausschließlich auf die damaligen Ostgebiete beschränkte, auf 235 Individuen.

Zwischen 1950 und 1970 verbreitete sich diese Tierart vor allem durch Zuwanderungen aus angrenzenden Ländern wieder über weite Teile Polens. Die meisten Teilpopulationen stagnierten aber oder gingen sogar in ihrer Individuenzahl zurück. Der passive Schutz des Bibers allein schien also nicht auszureichen. Daher wurde 1975 beschlossen, Wiederansiedlungsversuche in Polen durchzuführen. 1978 zählte man 270 Biberfamilien mit etwa 1000 Tieren. 1980 wurde der Bestand bereits auf etwa 1500 Exemplare geschätzt. Heute kann man in Polen mit einem gesicherten Biberbestand von mehreren tausend Tieren rechnen.

Dieser Ast ist ideal für die Errichtung eines Biberdammes geeignet.

Wiederansiedlung

Wiederansiedlungsversuche sind in Fachkreisen häufig umstritten. Viele sehen sie als eine Faunenverfälschung oder im Extremfall als ein Sich-Widersetzen der natürlichen Evolution an. Für Tierarten, die aufgrund einer natürlichen Entwicklung in einem bestimmten Gebiet ausgestorben sind, mögen diese Bedenken angebracht sein. Bei einer Art wie dem Biber, der eindeutig durch das Eingreifen des Menschen ausgerottet wurde, waren aber Wiederansiedlungen auf jeden Fall gerechtfertigt.

Um den Biber in Mitteleuropa wieder heimisch zu machen, kam also nur die Möglichkeit der Wiederansiedlung in Frage. In der Schweiz begann man damit Mitte der fünfziger Jahre, in Bayern wurden die ersten Biber 1966 angesiedelt. Auch in Österreich und in der Eifel haben sich durch naturschützerische Bemühungen wieder kleine Bestände gebildet. Wiedereinbürgerungsversuche am Oberrhein (auf deutscher Seite), in Niedersachsen und Nordrhein-Westfalen sind fehlgeschlagen.

Wiederansiedlungsprojekte müssen ständig überwacht werden und rechtfertigen auch gewisse Eingriffe durch den Menschen, die zu einem positiven Entwicklungsverlauf der Versuche beitragen. Diese Kontrolle wird allgemein als Management bezeichnet.

Biber-Management

Bei Wiederansiedlungsversuchen müssen einige wichtige Faktoren berücksichtigt werden, um unnötige Fehlschläge zu vermeiden.

Die Auswahl der Ansiedlungsgebiete sollte nach den Kriterien erfolgen, die auch ein Biber anlegen würde. Er wählt nur ein Gebiet aus, das ihm optimale Lebensbedingungen bietet. Am besten eignen sich natürlich solche Gegenden, in denen bereits früher Biber lebten und die ihren ursprünglichen Charakter erhalten haben. Glücklicherweise haben aber verschiedene Untersuchungen gezeigt, daß Biber in Bezug auf ihren Lebensraum echte Opportunisten sind: Sie nutzen alle sich als günstig erweisende Faktoren aus und arrangieren sich mit den weniger günstigen Umständen. Ein Biberbiotop muß den Tieren ausreichend Schutz in Form eines Gewässers gewähren, zum Anlegen einer Burg geeignet sein und genügend Nahrung in der näheren Umgebung bieten. Eine ausreichende Biotopkapazität ist Voraussetzung für einen erfolgreichen Wiederansiedlungsversuch.

Bezüglich der Nahrung ist der Biber ein Generalist: Sein Nahrungsspektrum umfaßt über 200 Pflanzenarten, so daß die Tiere bei ihrer Futterwahl sehr flexibel sind.

In bestimmten Lebensräumen kann sich ein Management der Nahrungsgrundlage positiv auf die Populationsentwicklung des Bibers auswirken. Hierbei unterscheidet man kurzfristige und langfristige Maßnahmen. Zu ersteren zählt z.B., daß gefällte Bäume nicht von Waldbesitzern o.ä. wegtransportiert werden. Gefällte Bäume und Sträucher, die hinderlich sind, sollten in Ufernähe deponiert werden, damit sie von den Tieren voll ausgenutzt werden können. Abgeschälte, aber nicht geschnittene Bäume sollten gefällt werden, damit sie den Bibern vollständig zur Verfügung stehen. Die langfristigen Maßnahmen beziehen sich eher auf die Erhaltung der Ufervegetation. Unter Umständen kann es zu einer Übernutzung bestimmter Gehölzarten kommen. Dem sollte durch das Pflanzen von Stecklingen entgegengetreten werden. Außerdem empfiehlt es sich, die verschiedenen Weidenarten regelmäßig „auf den Stock" zu setzen, da die Stockausschläge bei den Bibern sehr beliebt sind. Die Uferböschungen ohne Gehölzbestand sind nicht zu mähen, damit das Angebot der Krautnahrung vergrößert wird.

Obstbäume sowie forstwirtschaftlich wichtige oder schutzwürdige Bäume können am besten durch

mechanische Abschirmung vor der Benagung geschützt werden. Bewährt haben sich hierfür Drahtgitter oder Manschetten aus starker Kunststoffolie.

Siedeln sich die Biber in Hochwasserüberflutungsgebieten an, sind sie gefährdet. Steigt das Wasser zu sehr, wird der Bau vollständig überflutet, und besonders Jungtiere finden dann den Tod. Die Alttiere wandern in diesen Situationen ab und machen sich an eventuell vorhandenen Schutzdeichen zu schaffen, um Notbauten zu errichten.

Weiterhin dürfen in einem Bibergewässer keine großen Reusen und Bisamfallen aufgestellt sein, da sie zu tödlichen Fallen werden können.

Wie schon erwähnt, stehen die Interessen der Landwirte häufig denjenigen der Biber diametral entgegen. Um diese Konflikte zu vermeiden, sollten die Landwirte verstärkt auf Ausgleichszahlungen im Rahmen sogenannter Feuchtflächen- oder Ackerrandstreifenprogramme aufmerksam gemacht werden. Diese vom Staat entwickelten Programme gewährleisten Landwirten Entschädigungen, wenn sie

bestimmte Teile ihrer Kulturflächen nicht oder nur extensiv nutzen.

Wissenschaftler und Naturschützer haben eine internationale Übereinkunft getroffen: Nur Tiere der Unterart, die auch früher in dem ausgewählten Gebiet lebten, dürfen dort wieder heimisch gemacht werden. Oft ist diese Forderung schwierig zu erfüllen, da man nicht immer genau weiß, wie weit die Verbreitungsgebiete der verschiedenen Rassen reichten. Die Praxis hat auch gezeigt, daß Biber von der Rhone oder aus Schweden sich sehr gut in deutschen Ansiedelungsgebieten zurechtgefunden haben. Inwiefern in diesen Fällen von Faunenverfälschung die Rede sein kann, bleibt dahingestellt.

Die verschiedenen Rassen sind so eng miteinander verwandt, daß sie sich in jedem geographischen Gebiet einleben und mit Individuen anderer Rassen erfolgreich kreuzen können.

Bei der Auswahl der anzusiedelnden Tiere hat man die Wahl zwischen sogenannten „Farm-Bibern" oder Wildfängen. Besonders erfolgreich ist die Verwendung junger Paare von Biber-Farmen. Wildfänge

Biber bereichern ihren
Speiseplan auch gerne
mit Fallobst.

sind nur geeignet, wenn sie als geschlossene Familiengruppe oder zumindest als bereits zusammengehöriges Paar umgesiedelt werden. Das Zusammenbringen nicht zusammengehöriger, sich fremder Individuen, endet oft mit dem Abwandern der Tiere.

Das Anbieten einer Kunstburg erleichter oft das Eingewöhnen in einem neuen Biotop. Es ist wichtig, daß die Tiere zunächst einige Stunden in der Burg verbringen. Werden sie am Morgen in die Burg gebracht, schlafen sie normalerweise bis zum Abend darin. Auf diese Weise in einen neuen Lebensraum eingeführte Tiere bleiben erfahrungsgemäß recht ortstreu.

Auch wenn sorgsam ausgewählte Tiere in den geeigneten Biotopen ausgesetzt worden sind, kann es trotzdem noch zu Rückschlägen kommen. So wandern häufig einzelne Tiere aus unbekannten Gründen ab und enden eventuell als Verkehrsopfer am Straßenrand oder aus unerklärlichen Gründen bei einem Präparator. Damit nicht auch noch Tiere von Unbekannten „erlegt" werden, muß eine umfangreiche Aufklärungskampagne mit den Wiederansiedlungen einhergehen. Obwohl die Bevölkerung bis auf wenige Ausnahmen den Einbürgerungs-

versuchen von Bibern positiv gegenüberstand, werden heute, wo sich die wenigen Biberbestände wieder erholen und als gesichert angesehen werden können, Stimmen laut, die eine Reduzierung der Bestände fordern.

Die Mißgunst einiger Feld- und Waldbesitzer, die den Bibern noch nicht einmal einige Weiden und Pappeln oder etwas Mais und ein paar Rüben gönnen, hat sich anscheinend über die Jahrzehnte hinweg erhalten. Daher fordern sie , wenn schon nicht die Biber vertrieben werden dürfen, daß der Staat die – meist etwas hochgegriffenen – „Biberschäden" bezahlen soll.

Aber kann man den Schadenersatz dafür verlangen, daß eine Tierart nur um ihr Überleben kämpft? Können diese relativ geringen Einbußen denn nicht dafür in Kauf genommen werden, daß bei uns wieder ein Tier heimisch wird, das seit Jahrmillionen zu unserer Landschaft gehört?

Wenn es erst einmal gelingt, für diesen Umstand ein allgemeines Bewußtsein in der Bevölkerung zu wecken, haben die Biber bei uns wieder eine Chance.

Verschiedene Wiederansiedlungsversuche

Bayern:

Um 1850 wurde der Biber in Bayern ausgerottet, im Jahr 1966 die Wiedereinbürgerung initiiert. Zunächst wechselten zehn russische Biber ihre Heimat. Danach verwendete man Tiere aus Frankreich und Polen. Ab 1970 wurden jedes Jahr vier bis acht Biber in Schweden gefangen und nach Bayern umgesiedelt. Inzwischen haben sich dort zwei stabile Populationen etabliert: an der Donau und am Inn. Die Donaubiber dringen schon bis in die Oberpfalz vor, und auch in Österreich leben schon wieder etwa 120 Tiere. In der zweiten Population besiedeln die Biber hauptsächlich die Stauseen am unteren Inn. Mittlerweile zählt der

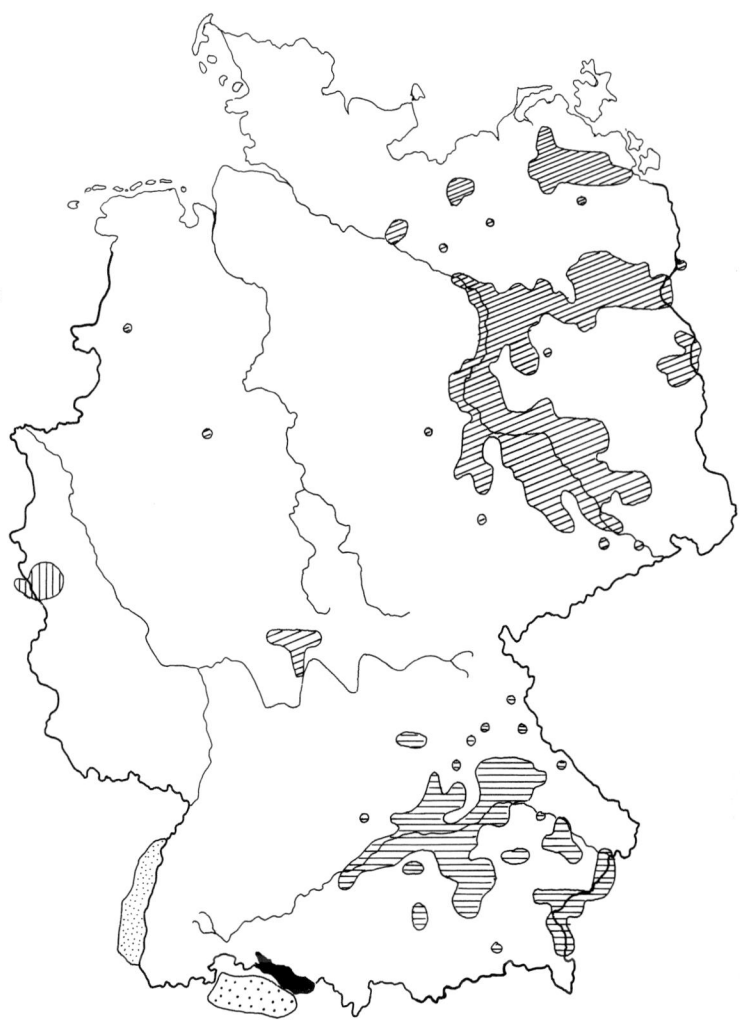

Die Verbreitung des Bibers in Deutschland:

▨	*Castor fiber albicus* Elbebiber
▤	*Castor fiber spp* Bayern
▥	*Castor fiber vistulanus* Eifel
⬚	Wiederansiedlung in Frankreich
⬚	Wiederansiedlung in der Schweiz

bayerische Biberbestand etwa 1200 Tiere, die sich im Laufe der Zeit über das gesamte Gewässernetz ausbreiten. Die Flüsse Naab, Regen und Schwarzach gehören bereits zu ihren Siedlungsgebieten. Seit 1971 gibt es auch einen kleinen Biberbestand im Nürnberger Reichswald.

Im Donauraum lebten mehr als die Hälfte der Tiere in Gewässern mit gegliedertem, reich strukturiertem Uferverlauf und mäandrierenden Flüssen. Aber nicht alle geben den artenreichen Auenwäldern und Altwasserbereichen den Vorzug. Man findet sie auch in renaturierten Kiesgruben, begradigten Bächen und sogar Entwässerungs- und Sickergräben. Die Durchflußgeschwindigkeit eines Gewässers scheint also kein Kriterium für die Auswahl des Lebensraumes zu sein. Man findet Biber sowohl in schnell, als auch in sehr langsam fließenden Gewässern.Oft sind diese neuen Biber-Gewässer noch nicht einmal 10 m breit und weisen nur einen spärlichen Uferbewuchs auf. Sie liegen meistens inmitten landwirtschaftlich intensiv genutzter Flächen. Aber selbst die häufige Gegenwart von Menschen vertreibt sie nicht aus ihrem Biotop. Sie arrangieren sich mit der verkehrs- und siedlungsreichen Landschaft und reagieren mit einer sehr zurückgezogenen Lebensweise. Ihre Aktivitäten sind dann ausschließlich auf die Nachtstunden beschränkt. Das Beispiel der bayerischen Biber zeigt deutlich, daß diese Tiere echte Opportunisten sind, die mit den unterschiedlichsten Lebensbedingungen fertig werden.

Südwestdeutschland:

Im Jahre 1978 wurde in Karlsruhe eine Arbeitsgemeinschaft zur Wiedereinbürgerung des Bibers gegründet. Sie hatte sich zum Ziel gesetzt, den Biber in der Oberrheinischen Tiefebene anzusiedeln. Im Rahmen eines Pilotprojektes wurden 1979 vier Rhône-Biber gefangen und an einem umzäunten Baggersee, an dem man eine Kunstburg angelegt hatte, ausgesetzt. Innerhalb kurzer Zeit wurden noch drei weitere Burgen von den Bibern dazu gebaut. 1980 wanderten die Tiere zu den Rheinauen ab, wo vier Jahre später noch mindestens ein oder sogar zwei Exemplare lebten. Bei diesem Versuch hatte sich gezeigt, daß die Rhône-Biber sehr gut in diesem Gebiet zurecht kamen. Obwohl sie in ihrer natürlichen Heimat keinen kalten Winter mit Eis und Schnee überstehen müssen, hatten sie sich genug Nahrungsvorrat für den Winter angelegt. Sie waren sogar in der Lage, Löcher in die geschlossene Eisschicht des Sees zu schlagen und diese während der Frostperiode offen zu halten.

Es schien also, als würde der Biber am Oberrhein wieder heimisch werden. Allerdings ist dieser Wiedereinbürgerungsversuch doch wenige Jahre später fehlgeschlagen. Nur auf der französischen

Seite konnte sich eine kleine Population halten, mit deren Ausbreitung gerechnet werden kann.

Eifel:

Ein Wiederansiedlungsversuch in der Eifel zeigte, daß Biber nicht, wie bisher geglaubt, typische Flachlandbewohner sind, sondern sich auch im Mittelgebirgsraum sehr wohl fühlen. Heute zählt der Bestand in der Eifel etwa 50 Tiere.

Zukunftsperspektiven

Auch Versuche in anderen Teilen Deutschlands und der Schweiz haben erwiesen, daß sich Biber in zahlreichen und recht unterschiedlichen Biotopen wieder ansiedeln lassen. Es bleibt also zu hoffen, daß der Biber in Zukunft wieder flächendeckender in unseren Breiten anzutreffen ist.

Voraussetzung dafür ist aber die Akzeptanz der Biberaktivitäten bei der Bevölkerung, insbesondere bei Landwirten, Waldbesitzern und Jägern. Der Biber muß wieder als ein wichtiger Bestandteil unserer Natur angesehen werden. Die Besiedelung und Veränderung eines Lebensraumes durch Biber geht immer mit einer Vergrößerung der Artenvielfalt einher. Die entstehende reich strukturierte Ufervegetation bietet für zahlreiche Tierarten, die auch unter dem Schwund geeigneter Lebensräume in unserer Kulturlandschaft leiden, neue Existenzgrundlagen.

Aber nicht nur in dichten Auenwäldern oder an mäandrierenden Flüßchen, sondern auch an weniger einladenden Stellen wie Entwässerungsgräben haben sich Biber niedergelassen. Sie sind also wider aller früheren Erwartungen sehr anpassungsfähig bezüglich der Wahl ihres Lebensraumes. Aber leben die Tiere hier auch gut? War es das, was wir erreichen wollten? Wir können doch zufrieden sein, haben wir doch eine fast ausgestorbene Art wieder heimisch gemacht, die sogar gesicherte Populationen gebildet hat. Im Falle des Biberschutzes sind wir nun mittlerweile an einem Punkt angelangt, an dem weitere Wiederansiedlungsversuche nicht oder nur wenig sinnvoll wären. Die vorhandenen Populationen sind stabil und breiten sich aus, so daß man damit rechnen kann, daß noch andere geeignete Lebensräume von Bibern besiedelt werden.

Das Ziel eines umfassenden Artenschutzes sollte sein, die wenigen wertvollen, noch existierenden Biotope zu erhalten, um eine möglichst große Artenvielfalt zu bewahren. Angesichts eines relativ leichten Erfolges, wie im Fall des Bibers, der bezüglich seiner Biotopansprüche sehr genügsam erscheint, sollte man diesen Fortschritt nicht überbewerten und sich schulterklopfend auf seinen Lorbeeren ausruhen. Mit dem Überleben einer Art ist unsere Natur noch lange nicht gerettet.

Zusammengefaßte Kurzinformation

Der Biber ist das größte einheimische Nagetier. Mit einer Körperlänge von etwa 1 m kann er ein Gewicht von 30 kg erreichen. Typisches Kennzeichen ist der 30 bis 40 cm lange, abgeplattete Ruderschwanz, der mit einer beschuppten, unbehaarten Haut bedeckt ist. Die Vorderfüße sind als Greifwerkzeuge ausgebildet, wogegen die mit Schwimmhäuten ausgestatteten Hinterfüße dem Antrieb beim Schwimmen dienen.

Biber sind an ein Leben im und am Wasser angepaßt. Ihren Bau legen sie am Ufer oder im seichten Wasser an, so daß sich der Eingang immer unter dem Wasserspiegel befindet. Wie die Dämme, die sie errichten, um ein Gewässer aufzustauen, werden die Biberburgen aus Ästen, Zweigen, Erde und Steinen gebaut.

Als reine Pflanzenfresser ernähren sie sich nur von krautigen Pflanzen, Blättern, Rinde und Zwei-

gen. Mit Hilfe spezieller Darmbakterien können sie Zellulose aufschließen und verdauen. Die Tiere werden mit zwei bis drei Jahren geschlechtsreif. Die Lebenserwartung beträgt 20, in der freien Natur aber seltener mehr als zwölf Jahre. Einmal jährlich bringen Biber zwei bis drei Junge zur Welt, die zwei Jahre lang bei den Eltern bleiben. Abhängig von der Populationsdichte können Biber ihre Reproduktionsrate durch Erhöhung oder Reduzierung der Nachkommenzahl und der Anzahl der begatteten Weibchen regulieren.

Der früher in der nördlichen Hemisphäre weit verbreitete Biber war gegen Ende des letzten Jahrhunderts nahezu ausgerottet. Man verfolgte ihn wegen seines ungewöhnlich dichten, warmen Felles und wegen des „Bibergeils", einer Substanz die in Drüsensäcken gebildet wird und der man allerhand Heilwirkung zuschrieb. Außerdem erklärte die Kirche den Biber wegen seines Schuppenschwanzes und seiner aquatischen Lebensweise zum Fisch, und damit war er eine beliebte Fastenspeise. In jüngerer Zeit ließ die fortschreitende Lebensraumzerstörung, die mit der Intensivierung der Landwirtschaft einherging, keinen Platz mehr für diese großen Nager. Bis auf winzige Bestände in Skandinavien, Frankreich und Osteuropa war der Biber bei uns ausgerottet.

Seit etwa 25 bis 30 Jahren bemüht man sich wieder intensiv um die Erhaltung dieser Art. Die Biber wurden gesetzlich geschützt und die wenigen Bestände konnten sich wieder erholen. Heute gilt z.B. der Elbe-Biber-Bestand mit etwa 3000 Tieren als gesichert. In vielen ehemaligen Bibergebieten mußte man aber auf andere Maßnahmen zurückgreifen: die Wiederansiedlung. 1966 startete man diese Projekte in Bayern. Versuche in anderen Bundesländern folgten. Heute umfaßt der Biber-Bestand in Bayern etwa 1200 Tiere. Mit einer weiteren flächenmäßigen Ausbreitung ist zu rechnen.

Diese Erfolge bei den Bemühungen, den Biber wieder bei uns heimisch zu machen, verdanken wir nicht nur den zahlreichen Naturschützern, sondern auch dem Biber selber, der sich wider Erwarten recht gut in unsere Kulturlandschaft eingepaßt hat. Unter Fachleuten gilt der Biber heute nicht mehr als unmittelbar vom Aussterben bedroht. Es ist sogar mit einer natürlichen weiteren Verbreitung dieser Tierart zu rechnen, so daß zusätzliche Wiederansiedlungsversuche nicht mehr als sinnvoll erscheinen.

Anhang

Informations- und Kontaktadressen

Ralf Schulte, Gut Sunder, 29308 Winsen/Aller

Akademie für Naturschutz und Landschaftspflege
Seethaler Straße 6, 83410 Laufen a. d. Salzach

Bund Naturschutz in Bayern e. V.
Haaggasse 16, 93047 Regensburg

Wildbiologische Gesellschaft München e. V.
Amalienstraße 52, 80799 München

Biologische Station Steckby
39264 Steckby

Eidgenössische Anstalt für das forstliche
Versuchswesen
CH-8903 Birmensdorf, Schweiz

Zoologische Staatssammlung
Münchhausenstraße 21, 81247 München

World Wildlife Found
Hedderichstraße 100, 60591 Frankfurt/Main

Literatur

ANONYMUS: Meister Bockerts Wiederkehr. Pirsch 42, 10, 41 - 43 (1990).

DORNBUSCH, M.: Schutz bedrohter Tiere. Naturw. Rundschau 4, 152 - 153 (1987).

DORNBUSCH, M.: Bestandsentwicklung und aktueller Status des Elbebibers. Ber. ANL 12, 241 - 245 (1988).

FREYE, H.-A.: Zur Systematik der Castoridae (Rodentia, Mammalia). Mitt. Zool. Mus. Berlin 35, 105 - 122 (1960).

FRISCH, K. v.: Tiere als Baumeister. S. 274 - 286, Ullstein Verlag Frankfurt 1974.

GEIERSBERGER, I.: Der Biber in Bayern. Mitt. aus der Wildforschung 71, November 1986.

GEIERSBERGER, I.: Der Biber. Globus 4, 112 - 117 (1987).

GRAPHODATSKY, A.S. et al: Numerous chromosome rearrangements in the karyotype evolution of the beavers (Castor, Castoridae, Rodentia) of the old and new world. Zool. J 70 (5), 84-91 (1990).

GRZIMEK, B.: Grzimeks Tierleben. Band 11. dtv, München 1979.

HAHN, H., und O. HAHN: Notruf aus der Arche. S. 44 - 47, Birkhäuser Verlag, Basel 1990.

HEIDECKE, D.: Zur Populationsökologie des Elbebibers *(Castor fiber albicus)*. Zool. Jb. Syst. 111, 1 - 41 (1984).

HEIDECKE, D.: Ergebnisse der Biberforschung und im praktischen Biberschutz in der Deutschen Demokratischen Republik. Z. Angew. Zool. 72, 205 - 211 (1985).

HEIDECKE, D.: Bestandssituation und Schutz von *Castor fiber albicus* (Mammalia, Rodentia, Castoridae) Zool. Abh. Mus. Tierk. Dresden 41, 9, 111 - 119 (1986).

KURT, F.: Das Comeback des Bibers. Natur, 5, 82 - 91 (1984).

LAWRENCE, R. P.: Paddy. Ballantine Books, New York 1990.

LEXIKON DER BIOLOGIE in acht Bänden, Herder Verlag, Freiburg 1986.

LITTY, H.-G.: Der Mittelelbebiber – ein einzigartiges Naturdenkmal. Heimatkalender Kreis Roßlau, 38-47 (1990).

MATTHEWS, L.H.: Das Leben der Säugetiere I. Lausanne 1972.

NOWAK, E.: Wiedereinbürgerung von Tieren. Natur und Landschaft 56, 4, 111 - 114 (1981).

NOWAK, E., und W. ZUROWSKI: Wiederherstellung des Bibervorkommensgebietes in Polen. Natur und Landschaft 55, 12, 454 - 458 (1980).

PLÄN, T.: Heimkehr in die Auen. Ein Artenschutzprojekt des Bundes Naturschutz in Bayern e.V. Merkblatt.

REICHHOLF, J.: Die Ausbreitung eingesetzter Biber (Castor fiber L.) am unteren Inn. Mitt. Zool. Ges. Braunau 2, 12/14, 361 - 368 (1976).

REICHHOLF, J.: Zur Wiedereinbürgerung des Bibers (Castor fiber). Natur und Landschaft 51, 2, 41 - 44 (1976).

REICHHOLF-RIEHM, H., und J. REICHHOLF: Das Comeback des Biber. WWF Journal, 2, 18 - 19 (1991).

RIEDER, N.: Erste Versuche zur Wiedereinbürgerung des Bibers (Castor fiber) in Südwestdeutschland. Z. Angew. Zool. 72, 181 - 189 (1985).

SCHNEIDER, E.: Erfahrungen zum Management lokaler Vorkommen des Bibers (Castor fiber L.) in der Bundesrepublik Deutschland. Z. Angew. Zool. 72, 191 - 203 (1985).

SCHNEIDER E., und N. RIEDER: Wiederansiedlung des Bibers in der Bundesrepublik Deutschland. Natur und Landschaft 56, 4, 118 - 120 (1981).

SCHNEIDER, E., und R. SCHULTE: Befunde zu den Habitatansprüchen des Europäischen Bibers (Castor fiber L.) aus einem Wiederansiedlungsversuch an einem Mittelgebirgsbach der nördlichen Eifel. Z. Angew. Zool. 72, 167 - 179 (1985).

SCHREIBER, R. L. (Hrsg.): Rettet die Wildtiere. S. 122 - 124, Stuttgart 1980.

SCHULTE, R.: Zur Nährstoffverdauung und Energieausnutzung beim Biber (Castor fiber L.) Z. Angew. Zool. 72, 153 - 165 (1985).

SCHULTE, R.: Zur aktuellen Bibersituation in Mitteleuropa. Pers. Mitteilung 1993.

SHEPHERD, P.: Beaver. Wildlife Notebook Series. Alaska Department for Fish and Game (1989).

VOGEL, M.: Biber - umstrittener Gestalter der Landschaft. ANL - Information.

ZERNAHLE, K., und D. HEIDECKE: Zytogenetische Untersuchungen am Elbe-Biber, Castor fiber albicus Matschie 1907 (Rodentia, Castoridae). Zool. Anz. Jena 203, 69 - 77 (1979).

Register

Schutz des Bibers –
ein Jahrhundertwerk

Praktische Schutzkonzepte hat der Naturschutzbund
Deutschland (NABU) beispielsweise mit seinem
Projekt „Biberhof" im sächsischen Torgau an der
Elbe entwickelt. Was wir hier und andernorts für
Biber & Co. tun, sagen wir Ihnen gerne.
Schreiben Sie uns!

Naturschutzbund Deutschland (NABU) e.V.
Postfach
53190 Bonn

*„Bibermänner" - das Photo zeigt
Prof. Dr. W. Zurowski , den polnischen
„Bibervater" und Initiator zahlreicher
Biberprojekte, bei einer Kontrolle der
Wiederansiedlung in der Eifel.
Sein Motto: „Das 20. Jahrhundert
ist das Jahrhundert des Biberschutzes".*

*Perfekte Schwimmhaltung:
lediglich Ohren, Augen
und Nasenlöcher ragen
aus dem Wasser.*